시간으로의 여행
유럽을 걷다

시간으로의 여행
유럽을 걷다

정병호
지음

BM 성안당

머리말

흔히 유럽 여행은 '문화 여행'이라고들 이야기한다. 대부분의 유럽 여행에는 문화 유적 탐방이 포함돼 있기 때문이다. 고대 그리스·로마 제국 이후, 유럽은 고유의 문명을 건설하고 문화를 꽃피웠다. 외부 세계와의 지속적인 교류와 대항해 시대를 거치면서 20세기 초까지 세계 속에 군림해왔다. 이러한 맥락으로 유럽의 과거와 현재를 이해하면 여행하는 동안 많은 것을 느낄 수 있지만, 관련된 배경 지식 없이 떠난다면 아무리 많은 곳을 돌아다니더라도 문화 여행에 대한 의미는 반감될 것이다. 따라서 풍족한 유럽 여행을 위해서는 반드시 떠나기 전 유럽의 문화와 역사를 미리 훑어보기를 권한다.

특히, 전문 가이드가 함께하는 여행인 경우, '가이드가 현장에서 전부 설명해주겠지'라는 안일한 생각으로 아무 준비 없이 떠나는 사람들이 많은데, 기본 지식이 없다면 가이드의 설명이 무의미할 것이다. 문화 유적에 담겨 있는 수백 년의 역사와 문화를 아무리 명료하게 설명하더라도 이를 짧은 기간 내에 소화하기는 어렵기 때문이다.

이 책은 의미 있는 유럽 여행을 위해 '꼭 알고 가야 할 유럽 이야기'를 담았다. 유럽의 어원과 정신, 신 중심의 고대 문명과 인간 중심의 문명으로의 변화 과정, 최대의 제국 로마 이야기, 신성 로마 제국,

 그리고 종교, 철학, 유럽의 현재의 모습까지 유럽을 여행하는 데 조금이라도 도움이 될 것이라 생각하는 내용을 모두 설명하기 위해 노력했다.

 유럽은 신 중심의 고대문명에서 인간을 바탕으로 한 문명 '헬레니즘', 서로마 제국 멸망 후 기독교를 바탕으로 일어난 문명 '헤브라이즘'. 이를 토대로 2000년 역사를 가진 로마 제국 안으로 게르만족이 들어오면서 라틴 문명과 게르만 문명의 융합이 일어난다. 그 후 게르만족의 일파인 프랑크족에 의해 신성 로마 제국이 성립되었고, 이러한 과정을 거치면서 종교적으로도 많은 변화를 겪게 된다. 만신교이던 로마는 콘스탄티누스 대제에 의해 기독교가 공인되고, 가톨릭이 생겨나고, 정교에 이어 신교가 나타나는 과정을 거친다. 그 후 유럽은 르네상스, 대항해 시대, 혁명들을 거치면서 이전의 모습과는 다르게 변화한다.

 이렇듯 유럽만큼 많은 이야기를 품고 있는 곳도 드물다. 이것이 "유럽 여행은 아는 만큼 보인다."라고 말하는 가장 큰 이유다.

저자 정병호

추천하는 글

  그리스·로마 신화가 유럽 문명의 밑바탕이 되고, 현재 유럽의 강국인 프랑스, 영국, 독일과 같은 나라들이 그리스·로마 제국의 전통을 이어받았다는 것은 누구나 아는 사실이다. 하지만 그들에게 문명적으로 많은 영향을 미친 것이 '동방'이라는 사실을 아는 사람은 그리 많지 않다.

  '역사책'이라고 하면 인문학적인 느낌이 강해 왠지 딱딱할 것이라는 생각이 든다. 하지만 이 책의 '아버지가 아들에게 들려주는 유럽 이야기'라는 형식은 그런 느낌과는 거리가 멀다.

  '유럽'이라는 말이 어떻게 생겨났는지부터 유럽에 문명이 전해진 과정을 이야기하고, 우리나라의 단군 신화를 들려주는 것처럼 로마 제국의 신화를 이야기하며 유럽 역사에 좀 더 쉽게 다가갈 수 있게 돕는다.

  유럽으로 떠나는 여행객이나 서양사에 가볍게 접근해보고 싶은 분들에게 권한다.

단국대학교 외국어대학 교수 김현주

　많은 부모님이 자녀와 소통하기를 원하지만, 그 마음을 표현하여 제대로 소통하기란 그리 쉬운 일이 아니다. 아이들과 함께하는 시간이 부족한 아버지들은 더더욱 그렇다.

　그런데 한 아버지가 아들에게 해주고 싶은 인생 이야기를 유럽 역사를 들려주는 방식으로 정리한 책이 나왔다. 아들과 함께 유럽 각지를 여행하듯 그곳의 역사를 알려주는 콘셉트로 쓰인 이 책은 자녀에 대한 부모의 사랑과 정성을 표현하는 한 가지 좋은 모델이라 할 만하다. 여행을 다니면서 느낀 유럽의 생생한 역사 현장을 아들과 마주앉아 도란도란 이야기하듯 써 내려간 방법이 참으로 독특하다.

　유럽에 관해 좀 더 깊이 있게 알고 싶은 부모님과 자녀들에게 추천한다.

정신건강의학과/소아 청소년 정신건강의학과 전문의 **최상철**

차례

머리말 · 4
추천하는 글 · 6

PART 1 해가 지는 서쪽의 땅, 유럽
01 유럽의 어원, 에우로페(EUROPE) · 14
02 유럽 문화의 정신 · 20
TIP 고대 그리스 철학 | 오리엔트 문명 · 29

PART 2 서구 문명의 요람, 고대 문명
01 메소포타미아 문명 · 32
02 이집트 문명 · 40
03 로제타 스톤의 의미 · 48
04 고대 그리스 문명 · 52
05 그리스 폴리스의 성립과 발전 · 58
TIP 델로스 동맹 | 알렉산더 대왕과 헬레니즘 문화 · 65

PART 3 고대 최대의 제국, 로마

- 01 로마의 건국 신화 · 68
- 02 에트루리아인과 일곱 개의 언덕 · 76
- 03 로마의 가도 · 82
- 04 포에니 전쟁 · 88
- 05 그라쿠스 형제의 개혁 · 100
- 06 삼두 정치 · 108
- 07 로마의 분열과 디오클레티아누스 황제 · 114
- TIP 모든 길은 로마로 통한다 · 119

PART 4 유럽 세계 변화의 주역, 게르만족

- 01 프랑크 왕국 · 122
- 02 훈족과 게르만족의 대이동 · 128
- 03 신성 로마 제국의 탄생 · 138
- 04 합스부르크 왕가 · 142
- 05 프로이센과 오스트리아 전쟁 · 148
- 06 한자 동맹 · 154
- 07 백년전쟁과 크레시 전투 · 158
- TIP 신성 로마 제국 | 프레스코 벽화 · 163

PART 5 근대 유럽 발전에 영향을 미친 종교

- 01 밀라노 칙령 · 166
- 02 니케아 공의회 · 170
- 03 가톨릭과 정교회 · 174
- 04 바티칸 제국 · 180
- 05 서유럽의 종교 개혁 · 192
- 06 이슬람교의 탄생 · 200
- 07 이슬람과 기독교의 전투 · 204
- **TIP** 밀라노 칙령 | 니케아 공의회 · 209

PART 6 유럽의 변화를 가져온 새로운 사상과 철학

- 01 피렌체 그리고 메디치가 · 212
- 02 르네상스와 발명품 · 220
- 03 신항로를 열다 · 226
- 04 프랑스 톨레랑스 · 230
- 05 프랑스 혁명 · 236
- 06 영국의 산업혁명 · 240
- **TIP** 신항로 개척 · 245

PART 7 동서 교류의 중심, 오스만 튀르크 제국

01 터키의 역사 · 248
02 터키의 상징, 이스탄불 · 256
03 발칸 반도 · 262
TIP 오스만 제국 · 275

PART 8 유럽에 관련된 여러 이야기

01 EU 설립 배경 · 278
02 셍겐 조약 · 280
03 유럽과 축구 · 282
03 북극과 남극 · 285

PART 1

해가 지는 서쪽의 땅, 유럽

유럽 문화는 고대 4대 문화 발상지보다 늦게 형성됐지만, 근세 이후 세계사에 가장 많은 영향을 미쳤다. 유럽은 세계에서 가장 높은 수준의 물질문명과 문화생활을 누리고 있는 지역으로, 유럽의 문화는 특히 이 지역에 살고 있는 사람들의 문화적 특성에 의해 형성됐다.

파르테논 신전

01
유럽의 어원, 에우로페(Europe)
_ 유럽의 문명은 어디서 시작됐을까?

태초의 서양 문명은 아시아에서 비롯됐다. 이러한 이야기는 그리스 신화에 잘 나타나 있다. 유럽의 역사와 문화를 이해하려면 먼저 그리스 신화를 이해해야 한다.

내일은 유럽 출장을 가는 날이다. 아들은 아빠와 열흘 정도 떨어져 있어야 해서인지 온종일 내 옆에서 떨어지지 않았다.

"아빠, 이번 출장은 어디로 가세요?"

"응, 유럽."

"유럽? 유럽 어디로요?"

"작년에 함께 갔던 영국, 프랑스로 간단다."

"아빠, '유럽'이 무슨 뜻이에요? 그리스 신화에 나오는 에우로페와 발음이 비슷하네요."

나는 같은 뜻이라고 대답했다. 그러자 아들은 그리스 신화에 나오는 제우스, 테베, 하얀 황소 등과 같은 이야기들을 늘어놓았다. 나는 이번 기회에 아들에게 유럽에 관한 이야기를 해주는 것이 좋을 것 같아 "아빠가 유럽에 관해 이야기해줄 테니 한번 들어볼래?"라고 물어봤다. 아들은 좋다고 했다.

나는 가장 먼저 '유럽'과 '에우로페'는 의미상 같은 말이라고 이야기했다. 아들은 내 말을 이해했는지 고개를 끄덕였다. 우선 사전적인 의미의 에우로페, 즉 유럽이라는 단어의 의미를 알려줄 필요가 있었다.

"에우로페는 지명이야. 동쪽은 우랄 산맥, 아랄해, 카스피해, 흑해를 경계로 아시아 대륙과 접하고 있고, 남쪽은 아프리카 대륙과 지중해를 사이에 두고 있는 대륙이란다. 이 단어가 어떻게 만들어졌는지를 알면 유럽이 어떻게 탄생했는지, 문명의 흐름이 어떻게 흘러왔는지 알 수 있지. 이 이야기 속에는 그리스 신화의 제우스도 나온단다."

아들은 빨리 이야기해달라고 졸랐다.

"에우로페라는 말이 어디에서 나왔고, 어떻게 탄생했는지를 아는 것이 유럽을 이해하는 첫걸음이야. 네가 알고 있는 그리스 신 중 가장

제우스

PART 1 해가 지는 서쪽의 땅, 유럽 | 15

힘이 센 신은 누구지?"

"제우스요. 그런데 머리는 헤라가 더 좋은 것 같아요."

내가 이유를 묻자, "왜냐하면, 제우스가 하는 모든 일을 헤라가 다 알고 있었거든요."라고 대답했다. 나는 웃음이 나왔다.

"그래, 네가 말한 두 번째로 똑똑하고 힘이 센 신인 제우스와 관련 있는 곳이 바로 유럽이란다."

나는 본격적으로 이야기를 시작했다.

"태초의 서양 문명은 아시아에서 시작했어. 이는 그리스 신화에도 나타나 있단다. 대부분의 유럽 사람은 유럽 문화의 정신적인 고향을 그리스라고 여기지. 그래서 유럽의 역사와 문화를 이해하기 위한 기본서를 그리스·로마 신화라고 생각해. 즉, 유럽의 역사나 문화를 이해하려면 반드시 신화에 대해 알아야 한다고 믿고 있단다. 신화는 단순한 이야깃거리가 아니라 그 시대에 있었던 일을 이야기 형식으로 바꿔 놓은 것이지. 옛날에는 글을 읽고 쓰지 못하는 사람들이 많아서 문자 대신 말로 전승한 거야. 에우로페라는 유럽의 어원도 그리스 신화에서 찾을 수 있단다."

나는 물 한 잔을 마신 후 유럽과 신화에 관한 이야기를 이어 나갔다.

"지중해에 인접한 소아시아의 페니키아, 오늘날 레바논에 해당하는 땅에 에우로페라는 공주가 살고 있었어. 제우스는 공주를 보고 한눈에 반했지. 제우스는 에우로페가 하얀 황소를 좋아한다는 것을 알고, 하얀 황소로 변해 그리스 남부에 있는 ¹크레타섬으로 납치했단다.

에우로페라는 말은 바로 이 공주의 이름에서 나왔단다. 제우스는 에우로페에게 헤파이스토스가 만들어준 목걸이를 선물했고, 에우로페는 크레타에서 여왕이 됐어. 그리고 제우스와의 사이에서 세 아들을 낳았는데, 세 아들의 이름은 각각 미노스Minos, 2라다만티스Rhadamanthys, 사르페돈Sarpedon이란다."

아들은 호기심 어린 눈으로 나를 바라봤다.

"그녀의 아버지 아게노르Agenor는 딸이 행방불명되자, 아들들을 불러 동생을 찾아오라고 명령했어. 아버지의 명령을 받은 두 아들 카드모스Cadmus와 킬릭스Cilix는 동생을 찾아 사방을 헤맸지. 이후 카드모

그리스 산토리니의 정교회 교회

스는 아폴론의 도움을 받아 ³테베에 도시를 세우고 그리스 문자를 가져왔다고 해. 그리고 킬릭스는 소아시아 ⁴킬리키아의 왕이 됐지. 이렇게 크레타 문명의 인종은 소아시아계 이주민으로 구성됐단다. 그리스 남쪽에 있는 크레타섬은 지중해 세계를 동서남북으로 잇는 바닷길의 교차점이란다. 크레타섬이 유럽에서 오리엔트의 선진 문명을 가장 먼저 접할 수 있었던 것은 바로 이 때문이지."

"이 신화를 알면 문명이 어떻게 이동했는지 알 수 있겠군요."

"그렇지. ⁵페니키아는 오늘날의 레바논으로, 오리엔트 문명이 발생한 곳이란다. '오리엔트orient'라는 단어는 라틴어의 오리엔스oriens에서 유래했어. 원래는 해가 뜨는 곳, 곧 동방이라는 방위 개념으로 사용됐지. 다시 말해 제우스가 공주를 납치한 크레타섬은 유럽의 첫 문

미케네

명이 탄생한 곳으로, 결국 유럽 문명도 아시아에서 넘어왔다고 할 수 있단다."

"학교에서 배운 적이 있는데, 언어학적으로 인도 유럽어인 셈어Semitic language의 '에레브EREB'에서 유럽이라는 말이 탄생했다고 해요. 이 말은 '저녁'이라는 뜻으로, 서양을 '해가 지는 곳'이라 부르는 것도 이 때문인 거죠?"

"오, 제법인걸? 해양 문화인 크레타 문명에서 시작해 도리스인인 스파르타에 정복당하며 내륙 문명인 미케네 문명으로 발전했어.[6] 미케네는 인도 유럽어족에 속하는 그리스인을 주축으로 이뤄졌지. 이 두 문명을 합쳐 '미노아 문명' 또는 '에게 문명'이라고 부른단다. 이들 문명은 알렉산더 대왕의 마케도니아 문명으로 넘어가고, 그 후 지중해 패권을 제패한 로마에 의해 본격적으로 유럽에 전파되지."

1 **크레타섬_** 기원전 3000년에 이르러 청동기 시대의 미노스 문명을 꽃피운 섬
2 **라다만티스_** 현명하고 공정한 왕의 대명사. 죽은 사람을 심판한다.
3 **테베_** 아테네의 북서쪽에 있는 고대 그리스의 주요 도시 중 하나
4 **킬리키아_** 키프로스 북쪽의 해안 지역
5 **페니키아_** 인도 인더스강 유역에서 서쪽으로 지중해 연안까지 이르는 지역
6 **미케네_** 트로이 시를 약탈한 아카이아인의 왕 아가멤돈이 살던 도시

PART 1 해가 지는 서쪽의 땅, 유럽 | 19

02

유럽 문화의 정신
_ 이오니아, 소피스트,
소크라테스, 플라톤
그리고
아리스토텔레스

유럽의 최초 철학은 기원전 6세기 초 아나톨리아 서부 해안 지방인 이오니아에서 탄생했는데, 이곳이 바로 서양 사상의 요람지다. 현대 유럽의 정신은 아리스토텔레스와 플라톤의 철학이 다방면으로 발전하면서 이뤄졌다.

아들이 나에게 다짜고짜 물었다.
"아빠, 세상의 만물과 자연은 어디에서 왔죠?"
"초기 그리스 철학자 같은 질문이구나."
아들은 두 눈을 동그랗게 뜬 채 말했다. "그리스 철학자라고요?"
"그 이유는 말이야." 나는 잠시 생각했다. "그리스의 초기 철학자들은 자연이나 자연 현상에 많은 관심을 가졌단다. 그래서 그들을 '자연 철학자'라고도 부르지."
"그럼, 나도 자연에 관심이 많으니 그리스의 자연 철학자겠네요."
"아들, 아빠가 이야기 하나 해줄까?"
"무슨 이야기요?" 하면서 아들이 관심을 갖기 시작했다.
"서양이라는 말은 '해가 지는 곳'이라는 의미가 있다고 말한 적이 있지? 그곳의 정신을 지배하고 있는 것이 어디에서 왔는지 이야기해 줄게."

아들이 눈을 반짝이며 나에게 바짝 다가앉았다.

"유럽인들은 전제 군주제의 동양에 비해 자신들이 서양 본연의 성격을 띠고 있다고 인식하는 경향이 있는데, 그렇다면 유럽의 정신은 어디에서 왔을까? 여기서 정신은 '사고하는 것'을 의미하는데, 유럽 문화의 틀은 어떤 형태로 이 사람들에게 자리 잡았을까? 철학의 나라 독일, 예술의 나라 프랑스, 오페라의 나라 이탈리아와 같은 이름이 붙는 것은 그들의 환경과 이러한 환경에서 탄생한 사고의 틀에서 만들어진 것이 아닐까? 그러면 이러한 사고는 어디에서 시작되었고, 유럽 문화는 어떻게 만들어졌을까? 그들의 사상적 기반은 어디에서 왔을까?"

아들은 고개를 갸우뚱했다. 재미있는 이야기를 들을 것이라 내심 기대하다가 내 질문들에 실망한 눈치였다.

"아빠가 이야기하는 것 중 다섯 가지 단어를 기억하면서 한번 들어봐." 아들은 고개를 끄덕였고, 나는 이야기를 계속 이어 나갔다.

"첫 번째로 기억해야 할 단어는 '이오니아Ionia'란다. 유럽의 최초 철학은 기원전 6세기 초 아나톨리아 서부 해안 지방 이오니아에서 탄생했어. 이오니아는 서양 사상의 요람지라고 할 수 있고, 현재 터키의 아시아 반도를 이루고 있는 소아시아 서해안에 있지. 또한 이곳은 최초의 그리스 식민지였단다. 기원전 8세기 말 새로운 지식과 세계관이 이오니아에서 탄생했어. 바빌로니아나 이집트 등의 선진 지역으로부터 과학적 지식, 우주론·역법·기하학 등을 받아들였지."

밀레토스

"이오니아의 위치가 동방과 서방이 만나는 지점이었기 때문 아닌 가요?"

"맞아. 이오니아 학파는 자연 현상의 원인을 초자연적 존재자가 아닌 자연의 내부에서 찾았단다. 그들은 자연 철학자라 불렸는데, 자연의 변화와 운동의 원인을 설명하려고 했기 때문이야. 탈레스, 파르메니데스, 헤라클레이토스, 아폴로니아의 디오게네스 등이 이에 속해. 특히, 탈레스는 이오니아의 밀레토스라는 지방에서 활동했는데, 이집트의 피라미드 크기를 측정했고, 만물의 근원은 물이라고 주장했어. 또한 '만물은 신들로 가득 차 있다.'라고도 했지."

"저도 들어본 적이 있어요."

"같은 학파 내에도 생각이 다른 철학자들이 있었는데, 그들이 바로 파르메니데스와 헤라클레이토스야. 파르메니데스는 감각적 인식은 믿을 수 없다고 주장했지만, 헤라클레이토스는 모든 것은 변하기 때문에 감각적 인식은 믿을 만하다고 주장했지. 그리고 이를 해결한 철학자가 엠페도클레스야. 그는 두 철학자의 견해가 서로 다른 이유는 한 가지 원소만 존재한다고 생각하기 때문이라고 여겼지. 그러면서 그는 4원소론을 주장했어. 혹시 4원소가 뭔지 알고 있니?"

아들은 기다렸다는 듯이 "흙, 물, 불, 공기요."라고 대답했다.

"맞아. 프랑스 문학에서는 가스통 바슐라르에 의해 문학 비평의 한 방법으로 4원소가 사용되기도 했어. 그는 자연의 모든 현상은 이 네 가지에 의해 변하고 다시 결합하는 것을 반복한다고 믿었지. 이처럼 이오니아 학파는 경험과 이성에 근거를 두고 자연을 탐구하는 데

주력했단다. 또한 4원소론을 우주의 근원이라 주장했어.

두 번째로 기억해야 할 단어는 '소피스트Sophist'란다. 소피스트는 그리스 말로 '현명한 사람'이라는 의미가 있는데, 초기 그리스 철학의 한계를 넘어 고대 철학의 새로운 장을 열었지. 소피스트들은 시각을 신과 우주에서 인간 세계, 개인까지 끌어내렸어. 그리고 논리학, 수사학, 웅변술 등을 중시했지. 소피스트들은 자연 철학에 한정돼 있던 학문을 인생과 도덕적 문제로 끌어들였어. 그들은 객관적이고 보편적인 진리보다 주관적 의견이나 자기 변론을 하는 데 중점을 뒀지. 혹시 소피스트 철학자들의 명언 중에 기억나는 게 있으면 말해볼래?"

아들은 "인간은 만물의 척도다."라고 대답했다.

"그 밖에도 '정의란, 강자의 이익이다.', '진리는 존재하지 않으며, 설사 존재한다 해도 알 수 없고, 안다 해도 전할 수 없다.'가 있지."

"소피스트 시대의 사회는 매우 혼란스러웠다고 들었어요."

"맞아. 그래서인지 소피스트들은 '궤변가' 또는 '반사회적 선동가'라 불리기도 했단다. 그들은 상대주의와 개인 중심주의를 이야기했고, 옳고 그름에 대한 절대적인 규범은 없다고 주장했어. [1]소크라테스는 이러한 소피스트들의 주장을 철저히 논박했지. 그는 실제로 여러 규범은 보편적이며 타당성을 갖고 있다는 것을 입증해 보이려고 했고, 이와 동시에 젊은이들의 도덕성 회복을 위해 노력했어.

세 번째로 기억해야 할 단어는 방금 이야기한 '소크라테스Socrates'

란다. 그는 철학사에서 볼 때 남다른 점을 갖고 있어. 우선 소크라테스는 단 한 줄의 글도 남기지 않았지만, 유럽의 사상에 지대한 영향을 미쳤지. 다양한 사람과 토론하는 것을 즐겼던 그는 시장과 거리에서 평생을 보냈어. 토론을 할 때도 자기주장을 펼치기보다 질문을 던지는 것 자체에 큰 의의를 뒀지. 그는 특이하게도 길을 가다가 의문이 생기면 그냥 그 자리에 서서 오랫동안 깊은 사색에 빠지기도 했다고 해. 그는 대화와 토론, 질의응답을 통해 상대방의 반성과 자각을 유도하는 [2]변증법을 애용했지. 변증법이 뭔지 아니?"

"변증법이요?"

"변증법은 아빠가 대학 다닐 때 운동권에서 특히 많이 사용했던 말이란다. 변증법을 한마디로 정의하기는 어렵지만, 세계는 정반합이라는 논리 전개 방식과 사물의 존재 방식에 의해 끊임없이 발전해 나간다는 것을 뜻해."

"정반합은 들어본 것 같아요."

"그래? 어쨌든 소크라테스는 이 방법을 적극적으로 활용했어. 또한 소크라테스는 윤리적인 측면이 강했다고 해. 그래서 스스로 무지를 자각하고자 했고, 실제 생활에서도 절제와 선을 중시했지. 소크라테스는 아무런 저술도 남기지 않았지만, 서구 사회의 철학적 사고에 기초적인 틀을 제공한 철학자라고 볼 수 있어. 그의 사상은 오직 제자 플라톤을 통해서만 전해졌지.

네 번째로 기억해야 할 단어는 '플라톤Plato'이란다. 플라톤의 핵심

아리스토텔레스

철학을 '이데아론'이라고 해. 그는 객관적 관념론의 창시자였지. 그의 사상은 당시 유물론자 [3]데모크리토스의 사상과 대립했어."

아들이 "아빠, 이데아가 뭐예요?"라고 물었다.

"글쎄, 어떻게 설명해야 우리 아들이 쉽게 이해할 수 있을까? 우선 '관념'이라는 단어의 뜻부터 설명해볼게. 관념은 감각으로 우리의 의식에 형성되는 어떤 모습, 즉 '형상'을 말한단다. 하지만 플라톤의 이데아 관점에서 본다면 이것은 허상이고, 그 이면에 이것과는 구분되는 비물질적이고 시공간을 초월한 어떤 실체가 존재한다는 거지. 우리가 인식하고 있는 선善이나 미美가 바로 대표적인 예란다. 좀 이해가 됐니? 아직은 막연할 수 있겠지만 좀 더 이야기를 나누다보면 이해할 수 있을 거야.

다섯 번째로 기억해야 할 단어는 '아리스토텔레스Aristoteles'란다. 아리스토텔레스는 플라톤의 가르침을 다방면으로 확대, 발전시켜 고대 그리스 학문을 집대성했지. 중세의 기독교는 그의 관념론을 받아들여 신학 체계를 세웠단다. 또한 중세 유럽의 많은 학문과 예술이 아리스토텔레스의 영향을 받았어. 그는 마케도니아 출신으로 플라톤의 학교에서 수학하는 플라톤의 수제자이자 동방 원정을 떠나 인도까지 갔던 알렉산더 대왕의 스승이기도 하지. 논리학을 만들어 해답과 증명의 타당성 여부를 가늠하는 몇 가지 엄격한 규칙을 내세워 정확한 질서와 개념까지도 정리하고자 했어."

"플라톤의 관점이 '이데아'라면, 그의 제자 아리스토텔레스의 관점은 뭔가요?"

"좋은 질문이야. 아리스토텔레스는 현실은 형상과 질료로 이뤄져 있다고 했단다. '형상'은 사물의 특성을 나타내는 것으로, 예를 들면 동물의 울음, 행동 같은 거야. 반면, '질료'는 사물을 이루는 재료야. 즉, 동물이 움직이고 소리 내는 것을 형상이라 보고, 그 몸을 질료라고 보는 것이지. 자연에서의 모든 변화는 질료가 가능성의 상태에서 현실성의 상태로 변형된다고 보는 거야. 또 다른 예를 들면, 조각가가 돌로 사람을 조각했을 때 질료 상태의 바위에서 사람이라는 조각품으로 만들어지는 것을 현실성의 상태로 변형된다고 보는 것이란다."

나는 잠시 쉬었다가 말을 이어 나갔다.

"아리스토텔레스는 스승인 플라톤이 주장했던 이데아의 견해를 비판하면서 독자적인 태도를 보였지만, 플라톤의 관념론을 완전히 벗어나지는 못했어. 그는 스승의 이데아를 지양하는 한편, 본질을 캐내기 위해 사물을 탐구하는 경험적 현실주의를 취했지. 이러한 사상은 관념론을 타파하는 유물론의 근거가 되기도 했단다."

1 **소크라테스_** 기원전 5세기에 활동했던 고대 그리스의 철학자. 세계 4대 성인 중 한 사람
2 **변증법_** 내부에 존재하는 모순으로 인해 자신을 부정하고, 다시 이 모순을 지양함으로써 다음 단계로 발전해 나가는 논리적 사고법
3 **데모크리토스_** 기원전 460~370, 고대 그리스의 유물론 철학자. '민주제하의 빈곤은 군주제하의 평안보다 낫다'고 말했다.

고대 그리스 철학

크레타섬의 크노소스 궁전

고대 그리스 철학은 고대 그리스에서 융성했던 철학을 통틀어 일컫는 말이다. '철학(philosophia)'이라는 말을 최초로 사용한 것은 피타고라스라고 알려져 있다. '철학자'를 비롯한 '지자(智者, philosopher)'는 '소피스트(sophistes)'라고도 불렸다.

그리스 철학은 이 세계를 조화로움을 지닌 '코스모스'로 보고, 세계의 근본적인 원리를 찾으려는 노력의 일환으로 생겨났으며, 이성 그중에서도 '로고스(logos)'를 중요하게 생각했다. 여기서 로고스란, 합리성, 사유, 말(언어) 등을 의미한다. 또한 그리스 철학은 '만물의 근본은 무엇인가?'라는 질문으로부터 시작됐다. 이는 이전 시기의 신과 인간 사이의 관계를 통해 세계를 설명하려던 신화적 사고에서 탈피한 것으로, 세계를 합리적으로 파악하려고 한 합리주의가 그리스 철학의 특징이기도 하다.

오리엔트 문명

이집트와 서아시아 지방에서 기원전 3200년경부터 마케도니아의 알렉산더 대왕이 통일할 때까지 약 3000년간 번성했던 문명으로, 이집트 문명과 서아시아 지방 일대의 메소포타미아 문명을 통틀어 말한다. 오리엔트 문명은 큰 강 유역을 중심으로 관개 농업에 바탕을 둔 세계 최초의 도시 국가가 형성됐고, 종교가 일상생활에 깊은 영향을 미쳤다. 정치는 국왕이 신의 뜻을 받아 절대 권력을 행사하는 전제적 통치가 이뤄졌으며, 종교는 헤브라이의 유일신을 믿는 신앙도 있었지만, 대체로 자연 숭배적인 다신교가 우세했다.

경제는 관개 농업이 경제생활의 기본이었지만, 지역에 따라 수공업과 상업이 발달했고, 사방으로 뻗은 교통로를 따라 교역이 활발하게 이뤄졌다. 측량, 천문, 역학 등과 같은 실용적인 기술이 발달했으며, 태양력(이집트)과 태음력(수메르)을 사용했다. 오리엔트 문명은 알렉산더 대왕의 정복 사업으로 이후 그리스 분명과 결합해 헬레니즘 문명을 이룩했고, 이는 유럽의 그리스와 로마 문화의 형성과 발전에 크게 이바지했다.

PART 2

서구 문명의 요람, 고대 문명

고대 문명은 나일강, 인더스강, 황하 유역, 그리고 티그리스·유프라테스강 유역에서 출현했다. 고대에 있어서 강은 교통의 수단이 되기도 했고, 때때로 범람하여 유역의 평야를 비옥하게 해 정착 농업을 발달하게 했으며, 도시의 발달을 촉진하는 역할을 했다. 특히 이집트 문명과 메소포타미아 문명은 고대 그리스·로마 문명에 커다란 영향을 미쳤다.

스핑크스

01
메소포타미아 문명
_ 유럽에 많은 영향을 미친 대표 문명

아시아 문화권인 메소포타미아 문명은 유럽에 많은 영향을 미쳤는데, 그리스어 '메소스(MESOS)'와 '포타모스(POTAMOS)'의 합성어로, '두 강 사이의 땅'을 의미한다. 반달 모양의 티그리스강과 유프라테스강 유역을 중심으로 발전한 고대 문명의 발상지로, 지금의 이라크와 시리아 일부 지역이다.

아들이 물었다. "아빠, 메소포타미아가 뭐예요?"

나는 잠시 망설이다가 "메소포타미아는 문명의 4대 발상지 중 하나야."라고 말했다.

"문명의 4대 발생지가 뭔데요?"

"문명의 4대 발상지는 문명이 시작된 네 곳을 이야기하는 거야."

"그럼 '문명'은 무슨 뜻이에요?"

"사회가 물질적·정신적으로 발전된 것을 '문명'이라고 한단다. 4대 문명은 황하 문명, 인더스 문명, 메소포타미아 문명, 나일강 문명을 말하지. 그리고 이 4대 문명 발생지는 모두 아시아에 자리 잡고 있어. 그런데 메소포타미아 문명에 관해서는 왜 묻니?"

아들은 "책에서 지도를 봤는데 그곳에 메소포타미아 문명의 발생지라고 적혀 있어서요."라고 대답했다.

나는 이번 기회에 아들에게 메소포타미아 문명에 관해 이야기해주기로 마음먹었다.

"매우 오래전에 있었던 일을 얘기할 때, 그 시점을 크게 기원전과 기원후로 나눈다는 것은 알고 있지?"

"그럼요. 예수의 탄생을 기준으로 예수가 탄생하기 전을 '기원전', 탄생한 후를 '기원후'라고 하죠."

"맞아. 기원전을 중심으로 하면 아시아에는 유럽보다 훨씬 발달한 문명이 존재했어. 그중 메소포타미아 문명은 유럽 문명에 많은 영향을 미쳤지. 메소포타미아 문명은 [1]페르시아인의 침략, 그리스에 의한 헬레니즘을 거쳐 7세기 후반부터 아랍인에 의해 이슬람화가 진행됐어. 언어도 수메르어, 아카드어를 거쳐 오늘날에는 아랍어를 사용하고 있고, 많은 중동 국가가 모여 살고 있지. 현재는 90%가 넘는 사람들이 이슬람교를 믿고 있어."

"최근 들어 많은 분쟁이 일어나는 곳이라고 들었어요."

"응, 맞아. 문명의 4대 발상지 중 하나인 메소포타미아 지역의 안타까운 현실이란다."

아들은 다시 "메소포타미아는 무슨 뜻이에요?"라고 물었다.

"메소포타미아는 '메소스mesos'와 '포타모스potamos'의 합성어란다. 그리스어로 '두 강 사이의 땅'이라는 뜻이지. 반달 모양의 티그리스강과 유프라테스강 유역을 중심으로 발전한 고대 문명의 발상지로, 지금의 이라크와 시리아 일부 지역을 말한단다."

"메소포타미아 문명이 영향을 미친 지역은 어디에요?"

"아시아 문화권인 메소포타미아 문명은 유럽에 많은 영향을 미쳤단다. 대표적인 예로 함무라비 법전을 들 수 있지."

"아, 알아요. 함무라비 법전! 최초의 성문법이죠."

"그래. 함무라비 법전을 세계 최초의 성문법이라 부르는 이유는 현대 법사상의 핵심인 성문화의 기초기 때문이란다. 1901년 프랑스 탐험대가 페르시아에서 발견했고, 현재는 프랑스의 루브르박물관에 소장돼 있어. 이 사실을 두고 어떤 이는 '다른 나라의 문화재를 약탈한 것이다.'라고 하는가 하면, 어떤 이는 '고고학을 위한 것'이라 이야기하기도 한단다. 이렇듯 역사적인 사실을 두고도 각자의 관점에서 어떻게 생각하느냐에 따라 그 의미가 달라지지."

자기가 아는 단어가 나와서인지 아들의 두 눈이 반짝거렸다.

"또 다른 예로는 건축술을 들 수 있어. 아치를 이용한 건축술이 바로 그것이지. 이 건축술은 주로 더 튼튼하게 건축물을 건설해야 할 때 이용됐고, 특히 신전과 궁전에 많이 사용됐어. 이러한 법제, 건축술 등이 넘어오면서 유럽은 다시 한번 발전한단다."

"책에서 보던 유럽의 아치형 건축물들이 그러한 배경을 갖고 지어졌다는 사실이 신기하네요."

"아, 그리고 문자의 영향도 들 수 있단다. 수메르인은 ²쐐기 문자인 설형 문자를 사용했어. 이것이 표음 문자로 발전했고, 페니키아인들이 사용한 문자는 오늘날 알파벳의 시초가 됐지. 알파벳의 기원이 그리스라고 생각하는 사람이 많지만, 기원전 1500년 전의 페니키아인들이 사용한 것이란다. 알파벳은 페니키아인들이 메소포타미아 지

런던 대영박물관에 있는 아시리아의 수호신 라마스 석상

역의 수메르인이 사용하던 문자를 참고해 만들었어. 알파벳이라는 이름은 그리스 문자의 첫 번째인 알파(α)와 두 번째인 베타(β)에서 유래했단다."

"알파벳이 탄생하게 된 배경도 무척 흥미롭네요."

"그런데 이들의 발명 중 가장 혁신적인 것은 바퀴란다. 바퀴의 발명이 인류에 어떤 영향을 미쳤는지는 굳이 설명하지 않아도 알지?"

"바퀴가 없었다면 문명이 발전할 수 없었다고까지 이야기하는 사람도 있다고 해요."

"맞아. 자동차, 자전거, 수레 등과 같이 움직이는 거의 모든 것에는

PART 2 서구 문명의 요람, 고대 문명 | 35

바퀴가 달려 있지. 이것들은 물건을 나르고 사람을 이동시킴으로써 많은 것이 변화하는 데 영향을 미쳤어."

"평소 대수롭지 않게 생각했는데, 우리가 흔히 보는 바퀴에도 역사적 사실이 숨어 있었네요."

"맞아. 그리고 농사에 필요한 역법, 천문학, 수학 등의 문화도 발달했어. 무엇보다 이집트인과 달리 태음력을 만들어 사용했지. 태음력은 1년을 12개월, 한 달을 30일, 3~4년에 한 번씩 윤달을 둔 것으로, 지금까지 널리 사용되고 있어. 천문학도 발달해 일식과 월식이 있는 날도 미리 알았다고 해. 또한 60진법에 따른 수학이 발달해 곱하기, 나누기, 분수, 대분수까지 사용했어. [3]바빌로니아, [4]아시리아는 메소포타미아의 역사를 결정짓는 세력이었어. 그래서 메소포타미아는 좁게는 이들의 문명을 가리키고, 넓게는 서남아시아 전체의 고대 문명을 가르키기도 한단다."

메소포타미아 문명은 폐쇄적인 이집트 문명과 달리, 이민족의 침입이 잦았단다. 국가의 흥망과 민족의 교체 또한 잦았지. 그 이유는 자연적인 조건에 따른 것이었어. 이 지역에 전개된 문화가 개방적, 능동적이었던 것은 바로 이 때문이란다."

"슬슬 머리가 아프기 시작해요. 혹시 좀 더 쉽게 알 방법은 없을까요?"

"메소포타미아 문명에 관련된 것은 영국 대영박물관에서 찾아볼 수 있단다. 대영박물관에는 아시리아 왕이 사자를 사냥하는 모습, 동물의 장기를 이용해 물속에서 숨을 쉬는 모습, 현재의 탱크 같은 것을 만들어 전쟁하는 모습 등이 담긴 벽화가 전시돼 있어."

"좀 더 자세히 설명해주세요."

"기원전 4000년경 바빌로니아 남부에 있는 현재의 이라크 지방에 해당하는 곳에 수메르인이 정착하면서 청동기 문화가 발전했고, 이들이 세계 최고의 문명이라고 할 수 있는 메소포타미아 문명을 발생시켰단다. 수메르인은 비옥한 초승달 지역의 동부 산악 지대에 살다가 메소포타미아 남부로 이동했지. 그들은 어느 정도 문명 단계에

지구라트

들어서 있었고, 금속과 돌을 함께 사용하는 문명이 발달해 있었어. 왕은 신의 대리자로서 최고의 사제가 됐고, 신권 정치를 시행했지. 신관, 관료, 전사 등이 지배 계층이었단다. [5]지구라트라는 큰 탑을 가진 신전이 국가의 중심이었다고 해. 그리고 교역이 일어나면서 자연스럽게 상인과 공인이 나타났지."

"지구라트는 책에서 본 적이 있어요."

"메소포타미아의 역사를 살펴보면 기원전 2400년 메소포타미아 북쪽에 살던 아카드인, 셈족들이 주변 국가를 정복해 통일 국가를 세웠고, 수메르인들은 셈족의 지배를 받았지. 기원전 2100년경 수메르인들은 반란을 일으켜 셈족을 몰아냈고, 기원전 1800년경에는 아모르Amor인이 메소포타미아 지역을 정복하고 바빌로니아 왕국을 세웠어. 이 시대에 함무라비 왕이 바빌론에 수도를 정하고 성문법을 제정해 국가의 발전에 기틀을 세웠지만, 기원전 1600년경 오리엔트 최초의 철기 사용자인 히타이트인이 침입해 바빌로니아 왕국을 위협한 후 카사이트인에 의해 멸망했어. 그 후 이 지역은 오랫동안 분열과 혼란이 계속되다가 아시리아에 의해 통일됐단다."

나는 잠시 쉬었다가 말을 이어 나갔다.

"기원전 1300년경 아시리아인들이 세계 대제국을 세웠어. 이들은 반란의 기미가 있는 속국들을 잔인하게 진압했다고 해. 그러다 기원전 625년에 칼데아인들이 아시리아를 멸망시키고 바빌로니아 왕국을 계승해 신바빌로니아 왕국을 세웠단다. 기원전 550년경에 페르시아인들은 신바빌로니아 왕국을 멸망시키고 페르시아 왕국을 세웠지. 이들은 소아시아, 이집트까지 정복하고 강력한 통치 국가를 유지했단다. 하지만 기원전 330년경 마케도니아 출신의 알렉산더 대왕에 의해 멸망하고, 알렉산더 대왕이 헬레니즘 세계를 건설한 거야."

아들은 "인도까지 점령했다는 알렉산더 대왕이 지금 말씀하신 그 사람인가요?"라고 물었다.

나는 고개를 끄덕였다.

1 **페르시아인_** 기원전 6세기부터 기원후 7세기까지 이란 고원을 지배했던 민족
2 **쐐기 문자_** 점토판에 갈대 등의 뾰족한 것으로 새기듯이 쓴 문자
3 **바빌로니아_** 메소포타미아의 남동쪽으로 수메르인과 아카아르인의 대립이 끊임없이 존재했던 곳
4 **아시리아_** 메소포타미아 북부 지역에서 티그리스강 상류 중심으로 번성한 고대 국가
5 **지구라트_** 메소포타미아에서 발견된 고대의 건축물. 하늘의 신과 지상을 연결하기 위한 것

02 이집트 문명
_ 나일강의 선물

오리엔트는 이집트와 서아시아 일대를 말하며, 이집트 문명은 메소포타미아 문명에 비견되는 찬란한 고대 문명을 이룩했다.

이집트 출장 준비를 하고 있는데 아들이 미라와 피라미드 기념품을 사다 달라고 했다. 아마도 아들의 머릿속에는 이집트가 미라와 피라미드의 나라로 남아 있는 것 같았다. 이는 다른 사람도 마찬가지라고 생각한다.

이집트 카이로에 출장 갔을 때의 일이다. 늦은 밤 호텔로 가는 길에 이슬람 사원에서 [1]에잔 소리가 들려왔다. 그 소리는 나에게 묘한 느낌을 줬고, 그 에잔 소리는 이집트에 대한 나의 첫 번째 이미지로 남아 있다.

아들은 갑자기 "오리엔트라는 말은 어떻게 생겨난 거죠?"라고 물었다.

"응. 로마인이 태양이 솟아오르는 동방을 오리엔트orient라고 부른 데서 유래했어. 참고로 '태양이 솟아오른다'라는 뜻을 가진 지역명이 많은데, 현재 터키 반도를 일컫는 희랍어(그리스어)인 '아나톨리아'와 이탈리아어인 '레반트'가 있고, 그중 '오리엔트'라는 말은 이집트와 [2]서아시아 일대를 말하지."

"아빠, 이집트 문명에 대해 좀 더 자세히 알려주세요."
"이집트 문명은 메소포타미아 문명에 비견되는 찬란한 고대 문명을 창건했어. 이 문명은 기원전 3200년경 나일강 유역, 나일 삼각주라고도 하는 데서 발생했지. 그리스 역사가인 [3]헤로도토스는 "이집

이집트 기자 지구의 피라미드

PART 2 서구 문명의 요람, 고대 문명 | 41

트는 나일강의 선물이다."라고 했는데, 이런 말을 한 이유는 나일강의 범람 때문이었단다. 이집트는 크게 나일강 주변의 풍요로운 검은 땅과 붉은 사막 지역으로 나눌 수 있지."

"대부분의 이집트는 사람이 살기 힘든 사막 아닌가요?"

"이집트를 여행하다 보면 도시와 사막으로 구분되는 것을 알 수 있어. 이러한 지리적 특성 때문에 이집트인들은 나일강 주변의 좁은 땅에 모여 살게 됐고, 이로 인해 도시화와 문명화가 가능해졌지. 나일강은 매년 7~11월에 범람하는데, 상류의 비옥한 흙을 하류까지 날라줘 자연스럽게 농업이 발달했어. 이집트인들이 일찍부터 강 주변에 정착해 농사를 기반으로 사회를 이룬 것은 바로 이 때문이란다."

"아, 그렇구나. 이집트 역사는 어떻게 시작되죠?"

"이집트 역사의 시작은 고왕국 시대부터라고 볼 수 있어. 파라오 왕조에 의해 크게 수백 년 동안 안정적인 생활을 유지해온 왕국의 통치 시대와 혼란스러웠던 중간기로 나눌 수 있단다. 이집트에서 문명이 발생한 후 나일강을 기준으로 남부에는 상이집트, 북부에는 하이집트 왕국이 탄생했어. 상이집트가 있는 남쪽은 좁고 긴 나일 계곡을 끼고 있어 땅이 비옥했어. 이들은 죽은 자를 사막에 매장했고, 신전 건축물들이 아직도 많이 남아 있지. 우리가 여행 중에 볼 수 있는 카르낙 신전, 루소 신전 등이 바로 상이집트의 것이란다. 반면, 하이집트가 있는 북쪽은 습하고 온난 다습하며 광대한 평야와 외부와의 접촉이 수월하다는 특징이 있단다."

나는 아들의 얼굴을 보면서 말했다.

파라오 벽화

"이제, 우리 아들이 관심 있어 하는 피라미드가 언제 세워졌는지 알아볼까?"

아들의 관심을 끌기 위해 피라미드가 건설되는 시기를 중심으로 이집트 왕조에 관해 이야기하기로 했다.

"이집트 제1왕조는 기원전 3100년경 상이집트의 국왕 메네스가 하이집트를 정복하면서 수립됐지. 제3왕조부터 제6왕조까지는 이집트 역사상 가장 강성했던 시기란다. 이때 이집트는 강력한 중앙 정부의 통치를 받았어. 파라오의 무덤인 피라미드가 건설된 것도 바로 이

룩소르 신전의 부조

때란다. 이집트의 왕인 파라오는 태양의 아들이자 살아 있는 최고신으로 여겨졌고, 절대 권력을 갖고 신권 정치를 행했어. 당시 이집트에는 강력한 권한을 가진 귀족 관리가 통치하는 42개의 노모스nomos가 있었다고 해."

"아빠, 42개의 노모스라고 하셨는데, 노모스가 뭐예요?"

"좋은 질문이야. 노모스를 알면 이들의 사회 구조를 이해할 수 있단다. 노모스는 소규모의 공동체 사회이자 고대 이집트의 행정 구역으로, 고왕국 시대부터 이슬람교도에게 정복될 때까지 존재했던 단위야. 노모스를 다스리는 관리직은 종신직인 데다 후대에 물려줄 수도 있었기 때문에 이집트 사회에서 강력한 지위를 누렸단다."

아들은 이해했다는 듯이 고개를 끄덕였다.

"이집트는 지명이나 사람 이름이 쉽게 외워지지 않아요. 이번에는 이집트의 통일에 관해 이야기해주세요."

"고왕국 말에는 세력이 강해진 귀족들이 파라오의 권위에 도전하면서 왕조가 무너졌어. 이 시기의 이집트는 안으로는 권력 다툼이 치열했고, 밖으로는 이민족의 침략으로 혼란스러웠다고 해. 이 시기가 제7왕조부터 통일 전의 제11왕조까지란다. 그러다가 기원전 2040년경 이집트 남부의 테베가 제11왕조를 일으켜 이집트를 통일했어. 수도를 테베로 옮긴 후, 지방 세력을 약화하고 왕권을 강화하면서 점차 나라가 안정되기 시작했지. 국력이 되살아난 이집트는 남부의 누비아를 차지하면서 중왕국 시대(기원전 2160~1785)를 열고, 영토를 꾸준히 확장했어. 이 시기가 통일 후 제11왕조부터 제14왕조까지란다.

이집트 파라오, 투탕카멘왕의 황금 마스크

　제13왕조에 이르러 다시 분열과 혼란의 상태가 이어지고, 제15왕조 이후 힉소스의 침략으로 140년 동안 이들의 지배를 받으며 반란을 일으켰어. 그 결과, 기원전 16세기 중엽에 독립과 함께 통일을 쟁취해 신왕국 시대를 맞았지. 이 시기가 제18왕조에서 제20왕조까지란다. 또 대외적인 영토 확장을 통해 투트모세 3세에 이르러서는 최대의 영토를 갖게 됐어. 이후 기원전 664년경 후기 왕조 시대에 접어든 이집트는 활발한 무역과 함께 평화와 번영을 누렸단다. 하지만 기원전 525년 페르시아, 기원전 332년에는 그리스계 왕 마케도니아 출신의 알렉산더 대왕에게 정복당하지. 이후 이집트는 기원전 30년경 로마 제국에 복속될 때까지 제32대 [4]프톨레마이오스 왕조 파라오의 지배를 받다 그 후 로마 제국령이 됐지.

이렇게 이집트는 이민족에게 점령당하기 전까지 고왕국, 중왕국, 신왕국 그리고 후기 왕조의 역사를 가지고 있단다."

1 에잔_ 하루에 다섯 번 이슬람의 기도를 알리는 곡성
2 서아시아 일대_ 파키스탄에서 서쪽 지중해 해안에 이르는 서부 지역
3 헤로도토스_ 그리스의 역사가, 여행가, 역사의 아버지로 불린다.
4 프톨레마이오스_ 알렉산더 대왕의 부하 장수

03 로제타 스톤의 의미
_ 상형 문자를 해독하는 열쇠

로제타 스톤은 4000년이 넘는 오래된 상형 문자를 해독하는 아주 중요한 열쇠다. 기원전 196년에 고대 이집트에서 제작됐고, 장 프랑수아 샹폴리옹에 의해 해독됐다.

나는 아들에게 런던 하면 가장 먼저 무엇이 생각나는지 물었다.

아들은 "붉은색의 이층 버스, '블랙캡'이라 불리는 택시, 산업혁명 그리고 최초의 지하철이요."라고 대답했다.

"많이 알고 있구나. 그 밖에도 맥주를 마시는 '펍'이 있는데, 런던 시내에만 80년이 넘는 펍이 80여 개가 넘는다고 해. 우리 아들이 크면 함께 여행하면서 맥주를 마셔보자."

"네, 좋아요. 그런데 질문이 하나 있어요. 런던에 가면 무엇을 제일 먼저 보는 게 좋을까요?"

"그야 당연히 대영박물관이지. 세계 3대 박물관 중 하나라 불리는 대영박물관은 그 명성에 걸맞게 수많은 고대 유물을 소장하고 있단다. 그중 가장 중요한 것은 로제타 스톤이야. 대영박물관 정문의 왼쪽 첫 번째 문으로 들어가면 로제타 스톤이 나타난단다."

"그냥 커다란 돌덩이 같아 보이는데 왜 그렇게 중요한 거죠?"

"로제타 스톤은 4000년이 넘는 오래된 상형 문자를 해독하는 매우 중요한 열쇠기 때문이야. 하지만 고대 이집트인이 남긴 유적과 유물을 눈으로 볼 수는 있지만, 거기에 담긴 뜻이 무엇인지 알 수 없다는 것이 문제지. 쉽게 말해 이상한 기호들이 수없이 많이 적혀 있지만, 그걸 읽을 수 있는 사람이 없다는 거야. 검은 현무암 로제타 스톤은 1799년 나폴레옹 원정군이 알렉산드리아에서 동쪽으로 60km 떨어진 로제타 마을에서 요새를 쌓다가 발견했어."

"그래서 마을의 이름을 따서 로제타 스톤이라 불리는 거군요."

"눈치가 빠른데? 로제타 스톤은 나폴레옹군이 영국군에게 빼앗긴 다른 유물들과 함께 대영박물관으로 보내졌지만, 석고로 뜬 사본은 프랑스 파리로 보내졌지. 학자들이 연구해보니 로제타 스톤에는

이집트 상형 문자

각각 다른 세 가지 글자가 새겨져 있었어. 첫 번째 단 14행은 이집트 상형 문자, 두 번째 단 32행은 민용(民用) 문자, 세 번째 단 54행은 그리스어로 쓰여 있었지. 각기 다른 언어로 같은 내용을 써놓은 것이었다고 해."

"다행히 그리스어가 있어서 무슨 뜻인지 어느 정도는 알 수 있었겠네요?"

"맞아. 학자들은 그리스어를 발견하곤 기쁨을 감추지 못했지. 그리스어를 아는 이상 나머지 두 가지 문자를 푸는 일은 쉬울 것이라 생

로제타 스톤

각했기 때문이야. 많은 학자가 이집트 상형 문자가 뜻글자라고 못박고 거기서부터 실마리를 찾으려고 했지. 하지만 천재 언어학자이자 프랑스의 이집트 연구가인 장 프랑수아 샹폴리옹이 나타나기 전까지 누구도 이것을 풀지 못했어. 샹폴리옹이 세 번째 단의 그리스어를 번역했는데 기원전 196년에 이집트 신관들이 프톨레미왕의 공덕을 찬양한 글이었지. 샹폴리옹은 20세에 라틴어, 그리스어, 히브리어를 비롯해 산스크리트어, 아베스타어, 중국어까지 할 줄 알았다고 해.

상형 문자는 4000년 동안 계속 변해왔기 때문에 한 가지 비명을 해독했다고 해서 그 지식을 갖고 다른 것을 똑같이 풀어낼 수는 없지만, 학자들은 조금씩 해독의 범위를 넓히고 있어."

"이 수수께끼들이 모두 풀리려면 또 다른 천재가 나오기를 기다리는 수밖에 없을 것 같아요."

04
고대 그리스 문명
_ 아테네와 스파르타

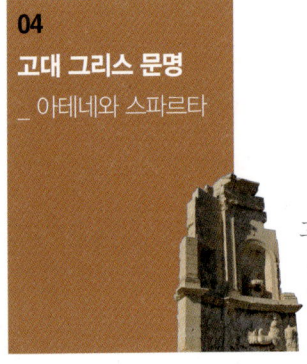

그리스는 유럽의 모태 문명이다. 유럽의 최초 문명은 지중해 연안에서 탄생하는데, 그것은 바로 기원전 2000년경 미노스인들에 의해 만들어진 크레타 문명이다.

아들은 요즘 그리스·로마 신화에 푹 빠져 있다. 몇 번이고 읽고 또 읽은 덕분에 그리스·로마 신화에 나오는 신들의 이름을 나보다 더 많이 알고 있을 정도다. 어느 날, 그리스·로마 신화를 읽던 아들이 불쑥 그리스에 가고 싶다고 했다.

나는 아들에게 그리스를 생각하면 가장 먼저 무엇이 떠오르는지 물었다.

아들은 신이 나서 신의 이름을 나열하더니, "그리스는 마술로 만들어진 나라 같아요."라고 말했다.

"맞아. 마술 같은 신비로움이 존재하는 곳이지. 이곳을 시작으로 유럽의 많은 문명이 꽃을 피웠다고 할 수 있어. 왜냐하면, 신화의 문명이 로마를 통해 유럽으로 확산됐기 때문이야."

"문명? 메소포타미아 문명과 이집트 문명을 이야기하는 건가요?"

"물론이지. 지금 네가 생각하고 있는 그 문명들이 이곳에서 꽃을 피워 현재 유럽이라는 곳으로 퍼져나갔단다. 오늘은 그리스의 문명에 대해 이야기해줄게."

아들은 고개를 끄덕였다.

"그리스, 유럽이 어떻게 모태 문명으로 탄생했는지 알아볼까?"

아들은 빨리 알려달라는 듯이 나를 쳐다봤다.

"그리스, 유럽의 모태 문명, 즉 유럽의 최초 문명은 지중해 연안에서 탄생했어. 기원전 2000년경 미노스인들은 자유롭고 생동감 넘치는 [1]크레타 문명을 만들었는데, 이곳에 살던 주민들은 에우로페와 같은 동족의 소아시아계 주민들로 추정된단다."

"소아시아는 현재의 터키 지방을 말하죠?"

"맞아. 그리스 본토에도 그들만의 문화가 있었단다. 그들의 초기 문화를 '테살리아 문화'라고 하기도 해. 테살리아는 그리스 중북부에 있는 지역이란다. 이곳은 그리스 신화 속 신들의 거처이자 제우스가 있는 곳인 올림포스산, 오사산 등과 함께 에게해를 둘러싸고 있어. 우리가 알고 있는 메테오라 지역이 바로 이곳이란다."

"유럽 지도를 보면 이곳은 발칸 반도라고 불리는 지역과 매우 가까운 것 같아요."

"응. 기원전 2000년경 그리스 본토를 침입해 농업 문화를 흡수하고 본토 남부에 소왕국을 건설했는데, 이들 도시 국가가 미케네, 필로스 등이란다. 여기에서 발전한 또 다른 문명이 바로 미케네 문명이지."

"미케네 문명의 특징은 무엇인가요?"

"호전적인 미케네인들은 기원전 14세기경에 들어와 미케네 문명을 발전시켰어. 이곳에서는 ²에게 문명의 주인공들과 달리 인도, 유럽어족에 속하는 그리스인들이 주축을 이뤘지.

다시 정리하면, 지중해 동부 에게해 주변에는 여러 문명이 발전했단다. 소아시아 서해안의 트로이 문명, 북방계의 본토 문명인 미케네 문명 그리고 남방계의 도서 문명인 크레타 문명까지."

"에게해에서 일어난 문명이기 때문에 '에게해 문명'이라고 하는군요."

"맞아. 이들이 바로 그리스 문명의 토대가 됐단다. 에게해 문명은 기원전 1200년경 북쪽에서 철제 무기를 앞세운 도리아인들에 의해 파괴됐지. 이때 수많은 그리스인이 본토에서 에게해의 섬들과 소아시아 지역으로 이주했어. 이때 그리스는 왕이 아니라 독립된 영토를 가진 귀족들이 다스리게 됐다고 해. 이로 인해 국가의 형태가 바뀌지."

"폴리스라는 도시 국가가 출현하게 된 것이 바로 이때인가요?"

"그렇지. '폴리스'라는 도시 국가들이 출현하면서 그리스 문명은 다시 발달하기 시작해. 이들 도시 국가는 작지만, 자체적으로 법, 화폐 제도 등 사회 체계를 갖추고 있었고, 이와 동시에 공통된 언어와 종교도 갖고 있었다고 해. 그들은 올림피아 제전을 통해 민족의 결속을 다지기도 했지. 그리고 일찍부터 지중해와 흑해 연안으로 진출해 해외 식민 활동을 전개했어. 대표적인 도시 국가로는 아테네와 스파르타가 있단다."

"아테네와 스파르타는 많이 들어봤어요."

"기원전 6세기경에는 페르시아가 세력을 확장하기 위해 ³이오니아를 점령했지. 이 도시들이 페르시아의 지배에서 벗어나는 것을 아테네가 도우면서 기원전 5세기 말에 세 차례에 걸친 페르시아 전쟁이 일어난단다. 이 전쟁에서 아테네가 승리하면서 페르시아의 지배에서 벗어나 자유를 얻었고, 아테네가 강력한 국가로 발전하면서 민주 정치 또한 황금기를 맞이하게 됐지."

"이 전쟁에서 탄생한 스포츠가 바로 마라톤이죠?"

"맞아. 페르시아와의 전쟁 이후 아테네는 기원전 478년 이오니아의 도시 국가들과 함께 침략에 대비해 델로스 동맹을 결성했지만, 시간이 흐르면서 규모가 커져 아테네 제국으로 발전했어. 이후 기원전

그리스 중부 테살리아, 메테오라 수도원

448년 페르시아와 아테네는 평화 협정을 체결했단다."

"이제 그리스에서 민주주의라는 새로운 정치 체제가 나오는군요."

"맞아. 기원전 6세기에는 클레이스테네스의 개혁으로 민주주의라는 새로운 정치 체제가 아테네에서 확립됐단다. 시민들의 정치 참여와 투표 정책, 도편 추방제 등이 시행됐지. 이것 자체로만 본다면 새로운 정치 형태였지만, 시민권을 가진 남자들에게만 투표권이 주어졌을 뿐 부녀자, 외국인, 노예들에게는 주어지지 않았다고 해."

"엄밀한 의미에서는 민주주의라고 할 수 없었군요."

"그렇지. 그리스의 대표적인 폴리스에는 아테네 외에도 강력한 군대를 가진 스파르타가 있었어. 페르시아 전쟁 후 아테네가 번영하자, 기원전 431년부터 404년까지 그리스의 패권을 놓고 아테네를 중심으로 한 델로스 동맹과 스파르타를 중심으로 한 펠레폰네소스 동맹 간에 전쟁이 벌어졌어. 이 전쟁에서 스파르타가 승리하지만, 전쟁에서 이기기 위해 페르시아에 빌린 자금의 대가로 이오니아의 여러 도시를 페르시아에 넘겨줘야 했단다."

"폴리스가 쇠퇴하면서 그리스 지역에 새롭게 등장한 나라는 없었나요?"

"있어. 바로 마케도니아. 마케도니아는 현재 발칸 반도에 있는, 이전에는 그리스에 속한 나라였지만 현재는 독립된 나라야. 이 나라의 왕인 필리포스 2세는 강한 군대로 약화된 그리스의 도시 국가들을 복속시키면서 그리스 전역을 평정했어. 그런 그가 암살당한 후 아들인 알렉산더가 뒤를 이었지. 그는 다른 도시 국가가 반기를 들 수 없도록 반란을 일으킨 [4]테베를 완전히 잿더미로 만들었다고 해.

　알렉산더 대왕은 기원전 338년에 동방 원정을 시작했어. 페르시아로 출정한 알렉산더는 다리우스 3세의 군대를 대파했지. 이를 시작으로 10년 동안 유럽, 아프리카, 아시아에 걸친 대제국을 건설했단다. 그는 정복지에 그리스인을 이주시키고 알렉산드리아라는 도시를 건설했지. 수많은 학자와 동행해 동식물이나 지리 등의 지식을 쌓기도 했다고 해. 그의 이러한 활동은 동서 문화의 융합을 통해 헬레니즘 문화를 꽃피우는 계기가 됐어."

1 **크레타 문명**_ 기원전 2000년경의 중기 청동기 문명
2 **에게 문명**_ 지중해 동부 에게해 주변 지역에서 번영한 고대 문명
3 **이오니아**_ 소아시아의 여러 그리스 식민지
4 **테베**_ 아테네의 북서쪽 보이오티아 평원 동쪽에 있는 고대 그리스 도시

05 그리스 폴리스의 성립과 발전
_ 아티카형과 라코니아형의 폴리스

'그리스'라는 국가명은 이탈리아 남쪽에 살던 로마인들에 의해 불리던 명칭이다. 고대에는 작은 도시 국가인 폴리스만이 있었다. 그리스라는 말의 어원은 '그라이아인'이고, 이는 로마인이 그리스인에게 붙여준 이름이다. 대표적인 폴리스는 아테네와 스파르타다.

"아들, 폴리스에 대해 좀 더 이야기해 볼까?"
"음, 대부분의 고대 그리스 도시 국가는 중심지에 약간 높은 언덕을 갖고 있었는데, 그것을 폴리스라 불렀다고 해요. 그러다 시간이 지나면서 도시 국가가 폴리스라 불리게 됐죠."
"맞아. 그럼, '그리스'라는 명칭은 어떻게 생겨난 것일까?"
"그리스어가 아니라 이탈리아 남쪽 로마인들에게 불리던 명칭 아닌가요?"
"맞아. 폴리스는 그들만의 사회 체제였고, 국가였어. 이러한 것들이 어떻게 만들어졌는지 이해하면 그리스가 어떻게 형성됐는지 이해하기 쉬울 거야. 고대 시대에는 그리스라는 명칭이 없었어. 작은 도시 국가인 폴리스들만이 있었지. 그리스라는 말의 어원은 '그라이아인'이고, 이는 로마인이 그리스인에게 붙여준 이름이야. 기원전 1000년경 고대 그리스인들은 지중해 여러 지역으로 퍼져 나가 식민지를 건설했어. 그중 남부 이탈리아에 식민지를 건설한 사람들이 그리스에서 온 그라이아인이었지. 그리스는 '그라이아인의 나라'라는 라틴어 표현에서 나왔다고 해."

"그리스의 폴리스가 형성된 과정에 대해서도 이야기해주세요."
"기원전 1000년경부터 그리스의 사회적 단위는 씨족과 부족으로 구분됐어. 이러한 집단은 종교, 사법, 생산 기능을 했단다. 생산은 공동으로 하고 경작물은 균등 분배했지. 이러한 경제 활동이 변화되

아네테 아크로폴리스의 파르테논 신전

면서 세습적인 사유지가 됐어. 토지 사유화로 인해 혈연 사회가 지연 사회로 바뀌어 기원전 9~8세기에 가장 먼저 출현한 곳이 소아시아의 서해안 일대였단다.

폴리스의 왕은 사법, 군사, 종교를 관장했어. 왕 아래에는 촌락마다 장로들이 있어 중요한 일은 장로 회의를 통해 결정했단다. 장로들의 결정은 큰 영향력을 갖고 있었지.

폴리스에는 산 언덕 위에 피난처로 아크로폴리스를 마련하고 동시에 신전을 건축해 놓았다고 해. 방어에 적합한 지점에 폴리스를 만든 것이었지. 폴리스의 성벽 안에는 시민들이 살고, 성벽 밖에는 외국인의 거주가 허용됐단다. 이를 보면 당시 외국인과 그리스 시민과의 차이가 있었던 것 같아. 폴리스는 번성했을 당시 본토에 200여 개, 식민지까지 합치면 총 1,000여 개가 있었다고 해. 크고 작은 도시 국가들이 존재했다는 것을 미뤄 짐작할 수 있겠지?"

"한 폴리스마다 몇 명이나 살았나요?"

"인구는 수천 명부터 20만~30만 명에 이르렀다고 해. 평균 인구는 5,000명 정도였고…. 이 정도의 인구 규모를 갖고 있었기 때문에 도시 국가라 부르게 된 게 아닐까?

그리고 폴리스는 상호 간에 정치적 지배 관계가 전혀 없는 자주독립 사회였어. 그 이유는 정치적 통일성이 없었기 때문이야. 하지만 그리스인들은 자기들과 언어가 다른 민족을 차별했어. 그들은 자신의 거주지를 '헬라스'라 부르고, 자신을 헬렌의 후예인 '헬레네인'이라 믿는 강한 유대감을 갖고 있어. [1]헬레니즘 문화라는 말도 여기서 유래했

이도르 아티코스 음악당

단다."

"폴리스의 식민 활동과 교역 활동은 어땠나요?"

"기원전 8~9세기에 폴리스의 식민 활동과 교역 활동이 특히 발달했어. 도시 국가가 성장 발전하면서 생긴 문제와 필요성에 의해서지. 좀 더 구체적으로 말하면 귀족층에 의한 토지 집중 현상, 폴리스 성장 발전, 도시 번영과 시장 확대, 식민을 통한 새로운 땅 개척의 필요성 때문이지. 이들의 식민지 범위를 살펴보면 매우 멀리까지 식민지를 건설한 것을 알 수 있어. 소아시아의 밀레토스, 서쪽으로는 남이탈리아, 남프랑스의 마르세유, 북으로는 흑해 연안, [2]그리스령과 터키령으로 나뉜단다. 기원전 600년대까지는 지중해와 흑해 연안에 그리스 식민지가 널리 흩어져 있었지. 당시에는 현재의 튀니지인 카르타고만이 그리스의 식민 활동에 맞설 뿐이었어."

"폴리스의 정치 형태에 관해서도 알고 싶어요."

"폴리스의 정치적 발전은 매우 다양했어. 정치 형태는 대체로 네 가지 단계로 나뉘어 발전한 걸 알 수 있단다."

"네 가지 단계요?"

"응. 첫 번째 단계는 기원전 1000~800년 호메로스의 시대로, 농

메테오라 바를라암 수도원

업과 목축업이 주를 이뤘지. 두 번째 단계는 귀족 지배가 이뤄진 과두정 시대라고 할 수 있어. 세 번째 단계는 참주정 시대로 이들은 민심을 얻어 평민과 결탁 귀족 세력을 억눌렀지. 참주가 출현한 이유는 부유한 중산층의 대두로 발생한 계급 투쟁과 중무장 보병의 군사적 중요성이 커졌기 때문이야. 네 번째 단계는 민주정 시대로, 기원전 500년 이후란다. 이즈음 많은 도시 국가가 민주정의 형태를 취하게 되는데, 아테네가 가장 전형적인 예라고 할 수 있지.

정치적 형태는 주로 아테네에 의해 대표되는 폴리스에서 볼 수 있어. 스파르타와 같은 계열의 폴리스에서는 이러한 정치 체제의 변천 패턴을 따르지 않았어. 그들은 독특한 군사적 독재주의로 일관했지. 앞서 이야기했던 대표적 폴리스인 아테네와 스파르타를 비교해보면 폴리스를 쉽게 이해할 수 있을 거야.

그리스 전역에 흩어져 있던 수많은 폴리스는 정치·경제에 있어 아티카형과 라코니아형으로 나눌 수 있단다. 이 두 가지 형태에 관해 알면 그들의 사회 체제 모습을 이해할 수 있어. 우선 아티카형 폴리스는 대체로 이오니아인들이 건설한 국가야. 상공업 위주로 생활을 영위하면서 민주적 개방 사회로 발전했지. 이에 반해 도리아인 계통의 라코니아형 폴리스는 농업에 의존한 보수적·과도제적 왕정에 머물러 있었어. 따라서 아티카형 폴리스는 아테네, 라코니아형 폴리스는 스파르타에서 가장 대표적인 사회 체제의 발전 과정을 나타냈단다."

주

1 **헬레니즘 문화_** 그리스 문화와 오리엔트 문화가 융합해 나타난 문화
2 **그리스령_** 발칸 반도 동부에 걸쳐 있는 지역

TIP

델로스 동맹

아테네는 오리엔트 세계의 패권을 장악한 후 서방으로 세력을 확장하던 페르시아와 세 차례에 걸친 전쟁을 치른다. 델로스 동맹은 페르시아와의 전쟁 후 아테네가 주축이 돼 결성된 군사 동맹이다. 이 동맹의 목적은 페르시아의 통치 아래 있는 그리스인의 해방, 페르시아의 재침공 방지, 그리스의 섬들을 공격해 약탈을 자행한 페르시아에게서 보상을 받아내는 것이었다. 하지만 이 동맹은 목적을 달성한 후에도 해산하지 않고 아테네의 지배 도구로 활용됐다. BC 440년대 후반부터 동맹 도시들 사이에 아테네의 지배에 대한 불만이 높아지고, BC 431년 발발한 펠로폰네소스 전쟁에서 아테네가 스파르타에 항복하면서 해산됐다.

페르시아 전쟁에서의 승리는 오리엔트 문명의 주역인 페르시아 제국의 침입을 막아냈다는 점에 의의가 있다. 이는 동방의 전제주의에 대한 그리스의 시민적 자유의 승리였다. 이 전쟁이 그리스인들의 승리로 끝나기까지 그리스인들을 지도한 것은 바로 스파르타와 아테네였다. 그중에서도 해군력이 강했던 아테네는 살라미스 해전을 통해 페르시아를 막아내는 데 기여했고, 이로써 그리스 폴리스들 사이에서 아테네의 입지가 크게 강화됐다.

알렉산더 대왕과 헬레니즘 문화

알렉산더 대왕(기원전 356년~323년)은 마케도니아에서 필리포스 2세의 뒤를 이어 왕이 된 후, 활발한 정복 활동으로 거대한 알렉산드로스 제국을 세웠다. 그는 오리엔트 전역을 정복해 유럽, 아시아, 아프리카의 세 대륙에 걸친 대제국을 건설했지만, 기원전 323년 아라비아 원정을 준비하던 중, 33세의 나이에 병으로 죽고 말았다. 그는 정복지마다 자신의 이름을 딴 '알렉산드리아'라는 도시를 세웠고, 이곳에 그리스의 학자, 문인, 예술가들을 살게 함으로써 그리스 문화를 널리 전파시켰다. 또 스스로 페르시아 왕녀와 결혼하고, 마케도니아 군사들을 페르시아 여인들과 결혼시켰으며, 세계 시민주의를 강조하고 동방의 문물을 받아들였다. 알렉산드로스 대왕의 이러한 활동은 그리스 문화와 동방 문화가 융합된 헬레니즘 문화를 탄생시켰다.

헬레니즘 문화의
대표적인 작품, 비너스상

PART 3

고대 최대의 제국, 로마

로마 제국은 아우구스투스가 황제 지배 체제를 시작한 기원전 27년부터 몰락까지의 로마를 일컫는다. 로마 제국은 지중해 동부의 헬레니즘 문화권과 이집트, 서부의 옛 카르타고, 히스파니아 등에 이어 브리타니아와 라인강 서쪽의 게르마니아, 그리스 북쪽의 다키아까지 영토를 넓혔다.

콜로세움

01 로마의 건국 신화
_ 로물루스와 레무스

로마의 건국 신화에 따르면, 로마는 전쟁의 신 마르스와 불과 화로를 모시는 제사장 레아 실비아 사이에 태어나 테베레강에 버려진 쌍둥이 형제 로물루스와 레무스에 의해 건국된다.

책상 위에 지도를 펼쳐놓고 열심히 들여다보던 아들이 "아빠, 내년에는 우리 이탈리아로 여행을 가면 안 될까요?"라고 물었다.

"이탈리아에는 왜 가고 싶은 거니?"

그러자 아들은 그리스·로마 신화, 콜로세움, 피자와 스파게티 등의 단어를 꺼냈다.

"이탈리아는 여자 부츠 모양으로 생긴 반도 국가야. 이탈리아 수도인 로마는 비록 지금은 하나의 도시지만, 한때는 '로마 제국'이라는 명성을 갖고 있었지. 유럽 땅의 거의 모든 국가가 로마 제국의 영향을 받았다고 해도 과언이 아니란다. 그래서인지 이탈리아 사람들은 자부심이 대단해."

아들은 로마에 관해 이야기해달라고 했다. 나는 아들에게 우선 우리나라의 단군 신화에 관해 아는지 물었다. 아들은 고개를 끄덕였고,

나는 아는 대로 이야기해보라고 했다.

"환웅이 여러 신과 세상을 다스렸던 시절, 곰과 호랑이가 사람이 되게 해달라고 간청을 해요. 쑥과 마늘을 먹고 100일간 햇빛을 보지 않으면 사람이 될 수 있다고 가르쳐주죠. 그렇게 사람이 된 곰이 환웅과 결혼해 낳은 아들이 단군이에요."

나는 아들의 단군 신화 이야기를 들으면서 로마에 대해서는 어떻게 말하는 것이 좋을지를 잠시 생각한 후 이야기를 시작했다.

"현재의 이탈리아는 매우 오래전에 로마 제국이 멸망하고 나서 많은 도시 국가가 생기고 없어지다가 마침내 통일돼 만들어진 나라야. 그래서 이탈리아는 생긴 지 150년 정도밖에는 되지 않았단다. 1871년에야 비로소 통일됐거든. 반면, 로마 제국은 2000년이 넘는 역사를 갖고 있단다."

"로마는 어떤 도시였나요?"

"로마의 구시가로 나가 보면 도시 전체가 박물관이라는 것을 실감할 수 있단다. 콜로세움부터 직선으로 연결된 거리 왼쪽에는 포로 로마노가 있고, 그 위에는 로마 시청이 있는 캄피돌리오 언덕, 하얀 백색 건물인 통일 기념관, 포로 로마노 뒤쪽에는 대전차 경기장이 있지. 로마의 건국지인 [1]팔라티노 언덕은 로마가 건국한 일곱 개 언덕 중 하나야. 그리고 영화 '로마의 휴일'로 유명해진 진실의 입 그리고 대전차 경기장을 따라 아래로 내려가면 로마의 건국과 매우 관계가 깊은 [2]테베레강이 있어. 이 강과 함께 로마의 역사가 시작됐단다."

PART 3 고대 최대의 제국, 로마

"우리나라에 한강이 있다면 로마에는 테베레강이 있군요."

"맞아. 하지만 현재 테베레강은 우리의 한강에 비해 매우 작아. 눈으로 직접 보면 실망할 수도 있지만, 로마 제국 건국의 역사와 함께하는 중요한 강이지. 이 테베레강에서 지중해까지는 30km 정도의 거리가 있단다. 테베레강에서 가까운 곳에 알바롱가라고 하는 작은 마을이 있었는데, 이곳에는 다양한 종족이 살고 있었어. 이들 종족 중 라틴족은 트로이가 멸망한 후 바다를 건너 이탈리아로 넘어와 정착한 트로이의 유명한 장군인 아이네이아스^{Aeneas}왕이 다스렸지. 그는 슬하에 누미토르^{Numitor}, 아물리우스^{Amulius}라는 두 아들이 있었어. 아이네이아스왕이 죽자, 동생 아물리우스는 힘으로 형을 밀어내고 왕국을 차지했어."

여기까지 이야기를 듣던 아들이 말했다.

"역사 속에서 보면 동양이나 서양이나 이런 일이 참 많이 일어나는 것 같아요. 두 사람은 사이가 좋지 않은 형제였나 봐요. 동생이 형을 힘으로 이기고 왕이 됐으니 말이에요."

비록 역사 속 이야기지만, 아이들의 눈에도 나쁜 것은 보이는 것 같았다. 나는 말을 계속 이어 나갔다.

"그런데 동생 아물리우스는 항상 마음이 불안했다고 해. 왜 그랬을까?"

"힘으로 왕국을 차지했기 때문이 아닐까요?"

"맞아. 형 누미토르에게는 두 명의 자식이 있었지. 만일 형의 자식들, 즉 조카들이 자라 자신들이 정당한 왕위 계승자라고 주장할 수도

로마의 건국 신화에 나오는 늑대의 젖을 먹고 자란 로물루스와 레무스

있기 때문에 불안을 느꼈지. 그래서 그는 조카 중 남자아이는 죽이고, 여자아이는 베스타 여신을 모시는 신전의 사제로 임명했어. 이 신전의 사제로는 어린 소녀들만이 임용됐고, 사제가 되려면 30년 동안 결혼을 하지 않겠다는 서약을 해야만 했다고 해."

나는 이어서 베스타 신전에 관해 설명했다.

"베스타 신전은 기원전 7세기에 처음 세워졌어. 이 신전은 불과 화로의 여신을 모시는 곳이지. 그들은 불과 태양을 생명의 근원이라고 생각했어. 베스타 신전은 로마에 아직 남아 있는데 포로 로마노 동쪽, 그러니까 진실의 입 건너편 분수대 근처에 있단다. 베스타 신전의 모습은 원형 그대로 보존돼 있지."

나는 아들이 좀 더 흥미를 갖도록 이와 관련된 신화에 관해 이야기했다.

"어느 날 전쟁의 신인 마르스가 하늘에서 아래를 내려다보다가 아름다운 여인을 보게 돼. 그녀가 바로 레아 실비아였지. 마르스는 하늘에서 레아 실비아가 있는 곳으로 내려왔어. 그때 마침 레아 실비아가 우물물을 길어 신전에서 나왔어. 마르스와 레아 실비아는 서로 한눈에 반해 사랑에 빠졌고, 이들 사이에 쌍둥이 아들이 태어났지. 실비아는 아기가 태어난 것이 기뻤지만, 그들을 버려야만 했어. 왜냐하면 작은아버지의 명령을 받은 부하가 아기들을 죽일 수도 있었기 때문이지. 그래서 큰 바구니에 아기를 담아 테베레강에 버렸어. 아기를 담은 바구니는 강을 따라 흘러내려 가다가 강기슭의 나무뿌리에 걸렸고, 이때 물을 마시러 온 늑대가 아기 울음소리를 듣고 다가가 바

베스타 신전

구니를 동굴로 옮겨 자신의 젖을 먹여 키웠다는 신화가 있단다."

"참 신기해요. 신화 속에서는 우리나라의 신화와 마찬가지로 믿기지 않는 이야기가 많은 것 같아요."

"그렇지? 남은 이야기를 계속할게. 어느 날 왕의 목동인 파우스툴루스가 길 잃은 소들을 찾아 팔라티노 언덕에 올라갔다가 늑대가 사는 동굴에서 두 아이가 놀고 있는 것을 봤어. 그는 아이들을 데려와 로물루스와 레무스라고 이름 지었어. 그들은 청년이 될 때까지 목동과 함께 살았지. 그러던 어느 날 레무스가 누미토르의 목동들과 다투게 됐어.

자, 여기서 질문 하나 해볼까? 누미토르는 누구일까?"

아들은 쉽게 대답했다. "왕의 형이요."

"그래, 맞아. 왕인 아물리우스의 형이지. 그럼 이야기를 계속할게. 누미토르의 목동들은 레무스를 감옥에 가뒀다가 누미토르에게 데려갔어. 누미토르는 그에게 이것저것 물어봤단다. 레무스는 자신이 알고 있는 모든 것을 이야기했고, 누미토르는 레무스가 레아 실비아의 쌍둥이 아들이자 자신의 손자인 것을 알게 됐지. 그는 손자를 찾게 돼 매우 기뻤어. 그리고 아물리우스의 악행을 알게 됐고, 그에게 복

시에나의 캄포 광장

수할 것을 다짐했어. 로물루스와 레무스는 알바롱가로 달려가 복수를 하고, 누미토르를 알바롱가의 왕으로 추대했어. 그리고 자신을 돌봐줬던 팔라티노 언덕에 나라를 세우기로 했지. 처음에는 쌍둥이 형제 둘 다 자신이 왕이 되고자 했어. 그래서 하늘의 계시를 먼저 받은 사람이 왕이 되기로 하고, 로물루스는 팔라티노 언덕, 레무스는 마주 보고 있는 아벤티노 언덕에 올랐지. 결국 로물루스가 신의 계시를 받았어. 그들은 도시를 만들기 시작했고, 이렇게 만들어진 도시가 '로마'란다. 로마는 로물루스의 이름을 따서 지은 것이야. 753년 건국한 로마는 향후 로마 제국으로 발전했어."

1 **팔라티노 언덕_** 고대명으로는 몬스 팔라티노스(Mons Palatines)라 한다.
2 **테베레강_** 이탈리아 중부를 흐르는 강으로, 길이는 390km다.

02 에트루리아인과 일곱 개의 언덕
_ 로마에 영향을 미치다

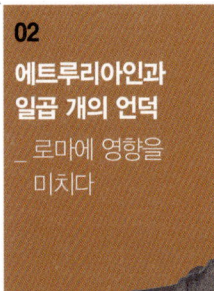

로마가 건국되기 이전 이탈리아 반도에는 에트루리아인이 살았다. 이들은 기원전 8세기부터 기원후 2세기까지 12동맹체를 결성해 찬란한 문화를 꽃피웠고, 로마에 많은 영향을 미쳤다. 로마는 이들로부터 많은 영향을 받으면서 일곱 개의 언덕 위에 세워졌다.

아들이 내게 물었다.

"아빠, 오늘 도서관에서 로마에 관한 책을 읽었는데, '에트루리아인이 로마에 영향을 미쳤다.'라는 글이 적혀 있었어요. 이게 무슨 의미인가요? 또 로마가 [1]일곱 개의 언덕 위에 세워졌다고 하는데, 그건 어디에 있는 건가요?"

"천천히 설명할게. 우선 우리가 알고 있는 이탈리아는 152년 된 국가란다. 삼면에 바다를 끼고 있는 게 우리나라와 비슷하지. 지도를 보면 땅의 모양이 여자의 부츠처럼 생겼단다. 이탈리아 북부 도시 밀라노에서 A1 고속도로를 타고 로마로 향하면 이탈리아 안에 있는 주요 도시들, 이탈리아 최대의 산업 도시인 밀라노, 피렌체, 볼로냐, 베네치아 등을 거치게 되지. 그중 중부 지방 도시인 피렌체, 페루지아, 아레조 등이 이전에 에트루리아인이 살았던 도시야.

현재 이탈리아에 있는 많은 도시는 과거 하나의 도시 국가였단다.

로마에서 북쪽 끝까지 올라가다 보면 300년 전부터 3000년까지 된 도시 국가들이 아직도 남아 사람들이 현재도 살고 있지. 아직도 그곳에는 다른 나라에서 볼 수 없는 독특한 그들만의 풍경을 간직하고 있어."

"에투루리아인은 어떤 사람들이었나요?"

"이탈리아 반도에는 로마가 정착해 나라를 세우기 전부터 중부 지방을 중심으로 에트루리아인이 살았다고 해. 에투루리아인은 로마인보다 먼저 이탈리아 반도 내에서 독자적인 문화를 형성했어. 기원전 8세기부터 2세기까지 12개의 동맹 도시를 결성해 찬란한 문화를 꽃피웠지. 이들은 ²토스카나부터 남쪽의 로마에 이르는 지중해 연안 지역을 중심으로 한 중부 이탈리아 전역을 지배한 민족이야."

아들은 에트루리아인의 문화에 관해 물었다.

"에트루리아인의 문화는 다양한 곳으로부터 영향을 받았어. 페니키아, 키프로스, 서아시아의 영향을 받았고, 기원전 7세기부터는 이탈리아 남부의 그리스 식민지를 통해 그리스 문화와의 접촉이 빈번해지면서 많은 영향을 받았지. 로마에서 A1 고속도로를 타고 올라가거나 반대로 내려오면 '페루지아'라는 지명과 '아레조'라는 지명을 보게 되는데, 이는 거의 3000년에 가까운 에트루리아인들의 도시 국가야. 특히, 아레조는 영화 '인생은 아름다워'의 배경이었고, 시인 페트라르카가 태어난 곳이기도 하지.

로마는 기원전 753년, 8세기에 건국됐고, 8세기 말에는 에트루리아의 식민지였어. 그로부터 약 100년 후에 로마의 독립이 이뤄셨어.

에트루리아인들은 르네상스의 발상지였던 피렌체가 있는 토스카나 지방에 근거지를 두고 이탈리아 반도를 수 세기 동안 지배했어. 12개 동맹체가 거의 토스카나 지방에 있는 것은 바로 이 때문이야. 로마인들은 자신들보다 훨씬 발달한 문명이 있던 에트루리아인들로부터 많은 영향을 받았어. 하수도와 광장, 라틴 문자, 도자기 등이 그 대표적인 예라고 할 수 있지. 그리고 신전과 궁전을 지었던 아치형 건축술 또한 이들 문화의 영향을 받았다고 할 수 있어."

"로마의 일곱 개 언덕에 관해서도 이야기해주세요."

"사실 우리가 직접 로마에 가서 보더라도 로마 건국 당시의 일곱 개 언덕을 구분하기는 어렵단다. 초기의 로마는 일곱 개의 언덕 위에 세워졌는데, 이 일곱 개의 언덕은 모두 테베레강에서 멀지 않은 곳에 있어. 일곱 개의 언덕은 테베레강 동쪽과 세르비아누스 성벽으로 둘러싸인 고대 로마 도시의 중심에 있단다."

"일곱 개 언덕은 구체적으로 어디에 있나요?"

"첫 번째는 팔라티노 Palatino에 있는데, '팰리스 Palace'라는 단어의 어원이기도 하지. 그리고 로마가 건국한 역사적인 언덕이기도 하단다. '귀족의 언덕' 또는 '정치의 언덕'이라고도 표현하지. 두 번째는 팔라티노 언덕의 반대편에 있는 아벤티노 언덕으로, 시민을 위해 앞장서 일했던 그라쿠스가 죽은 곳이기도 하단다. 어찌 보면 평민을 대변하고, 평민을 위해 일했던 활동의 중심지라고 할 수 있어. 주변에는 대전차 경주장, 카라칼라 황제가 세운 목욕장이 있어. 세 번째는 종교와

팔라티노 언덕에 있는 경기장의 기둥

팔라티노 언덕과 아벤티노 언덕 사이에 있는 대전차 경기장

정치의 중심지로서 일곱 언덕 중에서 가장 신성한 언덕으로 여겨온 캄피돌리오 언덕이란다. 이탈리아 통일을 기념하는 통일 기념관과 무솔리니가 세계대전을 선포했던 베네치아 궁전이 있는 곳이야.

네 번째는 아피아 가도의 출발점이기도 하면서 로마의 관문 역할을 했던 셀리오 언덕이란다. 이곳에는 예루살렘의 성 십자가 성당과 로마 7대 성당에 속하는 성 요한 대성당이 있어. 다섯 번째는 에스퀼리노 언덕이야. 이 언덕은 일곱 개의 언덕 중 가장 넓은 면적을 갖고 있어. 테르미니 중앙역과 로마 4대 성당인 ³산타 마리아 마조레Santa Maria Maggiore 대성당이 있어. 여섯 번째는 카이사르가 태어난 비미날레 언덕이란다. 로마 오페라하우스와 디오클레이티아누스 황제가 지은 목욕장이 있고, 국립 박물관도 있단다.

마지막 일곱 번째는 퀴리날레 언덕으로, 사비니 족이 살던 곳이란다. 현재 이곳에는 대통령궁이 있고, 로마를 여행하는 사람이라면 꼭 들러 동전을 던지는 트레비 분수 그리고 영화 '로마의 휴일'로 더욱 알려지고 명품 거리로 유명한 스페인 광장이 있어."

"로마는 정말 일곱 개 언덕을 기반으로 건국됐군요."

"그렇지. 이 조그만 마을이 발전해 하나의 도시가 되고, 또다시 발전해 이탈리아 반도와 남쪽의 시칠리아섬까지 점령하면서 영토를 확장해 나갔단다."

1 **일곱 개의 언덕_** 지리학적으로 티베르강의 동쪽을 말하며, 세르비아누스 성벽으로 둘러싸인 고대 로마 도시의 중심에 위치한 일곱 언덕을 말한다.

2 **토스카나_** 이탈리아 중부에 있는 주(州)로, 피사, 시에나, 리보르노 등의 도시들이 있다.

3 **산타 마리아 마조레 대성당_** 로마에 있는 네 개의 대주교좌 가운데 하나이다. 서방에서 제일 먼저 성모 마리아에게 헌정된 것으로, 유명한 눈의 기적에 얽힌 일화를 가지고 있다.

03
로마의 가도
_ 모든 길은
  로마로 통한다

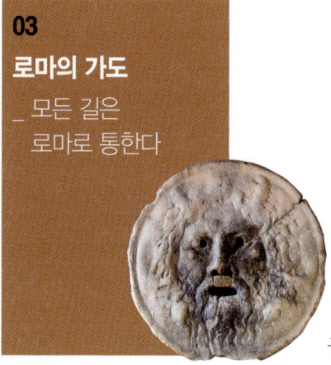

로마의 가도는 로마 제국의 대동맥이었다. 이 가도는 로마 제국이 지배하는 동안 물자와 문화를 공급하거나 군용 도로의 기능을 하기도 했다.

오랜만에 아들과 함께 제법 먼 길을 걸었다. 평탄한 길이 아니어서 아들이 좀 힘들어하는 것 같았다. 이런 아들이 안쓰러워 물을 건네니 좀 쉬었다 가자고 한다.

"힘들지? 쉬는 동안 아빠가 이야기 하나 해줄까?"

"무슨 이야기요?"

아들은 숨을 몰아쉬면서도 관심을 보였다.

"이제 로마에 관해서는 아빠가 여러 번 이야기하고, 네가 책으로도 봤기 때문에 생소하지는 않을 거야. 이번에는 오래전 로마 제국에 길이 만들어진 과정에 대해 이야기해줄게."

"와! 재미있겠는데요."

"기원전 그리스 시대의 철학자이자 지리학자, 역사학자인 [1]스트라본은 로마인들은 그리스인들이 전혀 신경 쓰지 않은 세 가지를 제공했다고 말했어. 그것은 바로 길, 수도, 하수도였지. 로마에는 수많은 유적과 문화가 있지만, 개인적으로는 '길'도 빼놓을 수 없을 만큼 중요하다고 생각해."

"길이 중요하고요?"

"응. 이탈리아를 다니다 보면 수많은 가도를 만나게 돼. 그곳이 어디든 고속도로를 따라 내려가거나 올라갈 때마다 롬바르디아 주, 토스카나 주, 움브리아 주, 라치오 주 등의 풍경, 길을 만나게 되지. 길을 따라 나타나는 모든 풍경은 각기 다른 모습을 하고 있어."

"예전에 우연히 해외 방송국에서 제작한 TV 다큐멘터리를 본 적이 있어요. 제목은 '실크로드'였는데, 첫 장면의 문구가 '모든 길은 로마로 통한다'였지요. 이 말이 주는 의미가 무엇일지 생각해본 적이 있어요. 취재하다 보니 실크로드 역시 로마의 가도와 연결돼 있었다는 뜻으로 받아들였었죠."

"정확해. 이즈음 서로 멀리 떨어져 있는 동양과 서양에서 대규모 토목 사업이 거의 동시에 이뤄졌어. 요즘처럼 인터넷, TV, 전화도 없었고, 교류도 활발하지 않았는데 동양과 서양에서 비슷한 시기에 비슷한 일을 시작했다니 참 재미있지 않니? 물론 그들이 생각했던 결과물은 다르지만 말이야."

"무엇을 시작했는데요?"

"바로 기원전 3세기 무렵 동쪽에는 만리장성, 서쪽에는 로마 가도가 만들어지기 시작한 거지."

"와! 정말 신기한 일이네요."

"로마 가도는 제국의 심장인 로마에서부터 출발했고, 처음에는 12

개가 만들어졌어. 이후 계속 늘어나 서유럽에 있는 독일부터 발칸 그리고 이집트에까지 가도가 만들어지고, 대서양에서 유프라테스강, 영국에서 시리아, 북해에서 사하라 사막까지 그 전체 길이가 약 8만 km에 달했지. 자갈로 포장된 간선까지 합치면 약 22만 km나 되는 로마 가도는 인간의 혈관처럼 그들의 정복지 구석구석까지 뻗어 있었어."

"서울부터 부산까지의 거리가 500km가 안 되는 것과 비교해보면 로마 가도가 어느 정도 규모인지 짐작할 수 있을 것 같아요."

"요즘에도 도로를 공사하려면 오랜 시간과 큰 비용이 드는데, 2000년 전에 실시한 공사라면 어땠을까? 가도를 닦는 데 드는 비용은 로마 국고에서 충당했고, 인력은 군대를 동원했고, 관리와 유지 보수는 로마의 행정 기관이 맡았어."

"당시 규모로 본다면 어마어마했겠네요."

"그렇지. 당시 로마 가도는 로마 제국의 대동맥이었어. 로마 제국이 지배하는 동안 이 도로는 유럽 문명에 자양분을 공급했어. 즉, 이 도로를 통해 물자뿐만 아니라 문화도 공급됐어. 오늘날의 통신망처럼 로마의 가도는 모든 지역을 네트워크화했지. 로마 제국은 도로를 통해 당시의 모든 시스템을 만들어 유럽에 매우 많은 영향을 미쳤어. 당시 가도는 로마 군단의 이동을 목적으로 하는 군용 도로의 기능을 했지. 이는 속주라 불리는 동맹 도시와의 빠른 연결을 위해서였어."

"이를 이해하려면 로마군의 특성에 대해 먼저 알아야겠네요."

"맞아. 로마는 군단의 특성상 정복한 지역에 점령군을 상주시키지 않았어. 정복지 사람들과 로마군과의 마찰을 피하기 위해서였지. 하지만 정복지에서 사건이 일어나거나 큰 문제가 생기면 군 기지에서 군단을 출동시켜야 했기 때문에 빠르고 안전하게 목적지에 도착할 수 있어야 했어.

　기원전 17년 노예 검투사들이 일으킨 2스파르타쿠스의 반란을 진압한 로마는 이들 노예 검투사 6,000명을 처형해 1번 도로 아피아 가도를 따라 십자가에 매달아두기도 했지. 반란자의 최후를 본보기로 보여주는 데 기도를 이용하기도 했지."

　"네. 저도 영화 '스파르타쿠스의 반란'에서 노예 검투사들의 싸움 장면을 본 적이 있어요."

아피아 가도

"로마에 가도가 처음 만들어진 것은 기원전 312년 '아피아 가도'가 착공되면서부터란다. 아피아 가도는 '아피우스의 길'이라는 의미가 있는데, 아피우스는 처음에 아피아 가도를 카푸아까지만 낼 생각이었어. 카푸아는 당시 로마가 제패한 지역의 남쪽에 자리 잡고 있었단다. 아피아 가도를 시작으로 로마군이 지역을 정복한 후, 거기에 길을 놓는 통치 방식이 시작됐지. 아피아 가도는 기원전 268년에 베네벤토가 로마 영토에 편입되자마자 연장됐고, 다음에는 베노사로부터 브린디시까지 연장됐어. 공사 기간은 70년 정도 소요됐고, 총 길이는 540km야.

아들, 이제 여기서 로마인들이 가도를 이토록 열심히 만든 이유가 무엇인지 다시 한번 생각해볼까?"

"공명심 때문 아닐까요?"

"제법인데? 군사적·통치적인 이유도 있지만, 아빠도 공명심일 수도 있겠다는 생각이 들어. 로마인들은 새로운 길을 건설하는 것을 해외 전쟁에서의 승리나 중요한 정치적 결정에 절대 뒤지지 않는 공적으로 평가했지. 그래서 황제나 집정관들은 경쟁적으로 도로를 건설하려 했을 거야. 도로명에 유서 깊은 귀족 가문 이름이나 강력한 황제의 이름을 붙인 것도 바로 이 때문이지."

"로마 가도의 도로 공사는 어떻게 진행했을까요? 쉽지 않았을 거 같아요."

"가도 공사는 4계층으로 구분돼 진행됐어. 맨 밑바닥은 약 4m 너비로 지표면에서 1.5m 깊이까지 파서 바닥을 고른 후 30cm 높이로 자갈을 깔고, 그 위에 자갈과 점토를 섞어 깐 다음, 다시 인위적으로 잘게 부순 돌멩이를 완만한 아치형이 되도록 채웠지. 마지막으로 맨 위에 접합면이 맞도록 60cm 정도의 마름돌을 깔았어."

"참 체계적으로 진행됐네요. 놀라워요."

1 **스트라본_** 고대 그리스의 지리학자, 역사가, 철학자. 프톨레마이오스와 함께 고대 그리스에서 가장 뛰어난 지리학자로 일컬어진다. 소아시아에서 태어나 유럽과 이집트·리비아·아시아 등 여러 곳을 다니면서 지형·지구대·땅 위의 동물과 식물을 관찰해 모두 17권으로 된 《지리학》를 만들었다.

2 **스파르타쿠스의 반란_** 로마 공화정에서 일어난 최후의 노예 반란. 반란군의 지도자인 스파르타쿠스의 이름을 땄다.

04
포에니 전쟁
_ 카르타고
  그리고 한니발

포에니 전쟁은 카르타고와 로마 간 120년에 걸친 세 차례의 전쟁이다. 로마가 승리하면서 지중해 해상권을 장악하고 제국의 길을 가게 된다.

밖에서 일을 마치고 집에 돌아오니 아들이 기다렸다는 듯 내게 다가왔다. 그러고는 "아빠, 안녕히 다녀오셨어요?"라고 인사한 후 뭔가 할 말이 있는 듯 머뭇거렸다.

"아빠한테 무슨 할말이 있니?"

"사실은 학교에서 역사 이야기 발표가 있어요. 한 사람씩 돌아가면서 이야기를 하는 시간이 있는데, 다음이 제 차례예요. 아빠가 재미있는 세계 역사 이야기를 많이 알고 계시니까 저에게 무슨 이야기를 해야 할지 알려주세요."

나는 어떤 이야기를 해주는 게 좋을지 고민하다가 한니발 장군이 등장하는 포에니 전쟁 이야기를 하기로 했다.

"아들, 이제 이탈리아와 로마 제국에 대해 어느 정도 알겠지?"

아들은 "네!"라고 자신있게 대답했다.

"지도에서 아프리카 대륙을 찾아보면 '튀니지'라는 나라가 있어. 이곳에서 매우 오래전에 있었던 전쟁에 관한 이야기를 해줄게. 옛날에는 이 나라를 '1카르타고'라고 불렀어. 로마는 카르타고와 120년에 걸쳐 세 차례의 전쟁을 벌였는데, 그게 바로 2포에니 전쟁이란다. 포에니란, 로마인들이 카르타고를 부르는 말이야.

카르타고는 페니키아인 엘리사가 귀족과 함께 건설한 도시 국가란다. 이들은 그곳에 도착해 원주민의 조건에 따라 가늘게 자른 소가죽을 이어 둘러친 만큼의 땅을 얻어 카르타고를 건설했지. 카르타고는 기원전 146년 로마에 의해 망할 때까지 지중해의 해상 국가로 군림했는데. 이들은 주로 배를 이용해 먹고 살았기 때문에 배를 매우 잘 다뤘단다. 그럼, 1차 포에니 전쟁은 어떻게 일어났을까?"

"글쎄요."

"1차 포에니 전쟁은 기원전 264년부터 241년까지 이탈리아 남쪽에 있는 코르시카섬과 시칠리아섬의 통제권 때문에 일어났어. 그곳에는 시칠리아의 양대 도시인 메시나와 시라쿠사가 있었는데 서로 분쟁 중이었단다. 그런데 카르타고군이 두 도시의 분쟁에 끼어드는 일이 발생했지. 그러면서 카르타고군이 주둔하게 됐고, 두 국가는 전쟁을 하기 시작했어.

당시 로마군은 그곳에 1만 5,000명 정도의 군사를 주둔시키고 있었는데, 기원전 262년에 약 4만 명의 카르타고군이 상륙했지. 이러한 전쟁이 있을 당시 시칠리아는 두 가지 색채를 갖고 있었는데, 그리스 색채가 남아 있는 동부와 카르타고의 지배를 받는 서부로 양분

튀니지의 카르타고 유적

됐어. 하지만 로마 제국은 시칠리아 전체를 장악하지는 못했고, 후에 나폴레옹이 태어나는 코르시카섬으로 가는 곳을 정복해 코르시카에 머물고 있던 카르타고인들을 쫓아냈단다."

나는 이야기를 계속 이어 나갔다.

"기원전 256년 로마 함대는 아프리카에 진출했고, 거기서 새로 건조한 230척의 군선과 카르타고의 250척 군선이 바다에서의 전쟁을 시작했어. 이 전쟁에서는 로마가 승리했지만, 로마와 카르타고의 전쟁은 예측할 수 없었지. 왜냐하면, 육지에서 싸우면 로마가 승리하고 바다에서 싸우면 카르타고가 승리하는 일이 반복됐기 때문이란다. 이러한 상황에서 패한 카르타고인들의 마음이 어떠했을까?"

"아마도 불안했을 거예요. 매일 이기는 싸움에서 졌으니까요."

"맞아. 무척이나 불안했지. 그래서 그들은 위기감을 느끼고, 당시 로마 집정관이던 레굴루스에게 강화 사절을 보냈어. 레굴루스는 강화 사절을 받아들이며 몇 가지 조건을 제시했어. 첫 번째는 시칠리아섬과 사르데냐섬에서 카르타고인이 철수할 것, 두 번째는 그들이 가장 자랑하는 해군을 로마에 양도하고 해군을 해산할 것이었지. 만약 우리 아들 같으면 어떻게 했을까? 아마도 카르타고인과 같은 생각을 하지 않을까? 그들은 로마의 조건을 받아들일 수 없다며 거부했단다. 왜냐하면, 아직 카르타고의 해군은 건재했기 때문이지.

그들은 다음 전쟁에 대비했고, 당시 그리스에서 이름을 날리던 용병대장 크산티프를 고용했단다. 크산티프는 카르타고인에게 모든 지휘권을 양도받아 그들을 훈련했어. 기원전 255년 드디어 크산티프는 기병대와 코끼리 부대를 내세워 전쟁을 했고, 결국 로마 군대를 몰아냈지. 당시 로마군의 병력은 1만 명이 조금 넘었는데 크산티프 부대에 쫓겨 해군이 있던 클루페아라는 곳까지 도망간 군사는 2,000명에 불과했다고 해."

전쟁 이야기를 하니 아들의 눈이 반짝거렸다.

"이렇게 시칠리아섬을 둘러싼 전쟁은 한동안 소강상태였다가 10여 년이 지난 후에 다시 한번 전쟁이 일어난단다. 기원전 241년 200대의 전함으로 무장한 로마군이 쳐들어와 해상을 완전히 장악했어. 이 때 카르타고의 함선은 50여 척 이상이 지중해 바다에 침몰됐고 70여 척 이상이 나포돼. 그리고 로마군은 시칠리아섬에 있던 카르타고 요새를 파괴했지.

카르타고군은 1년 정도 버티다 결국 항복했고, 시칠리아섬과 현재의 터키 지방에 있는 아이올리아 제도를 로마에 넘겨주게 된단다. 물론 전쟁 배상금을 내기로 합의하고 조약에 서명했지."

"조약 내용이 무엇인데요?"

"조약 내용은 카르타고는 시칠리아섬에서 철수함과 동시에 시칠리아에 대한 영유권을 포기한다, 시라쿠사를 포함한 로마 동맹군에게 싸움을 걸지 않는다, 서로의 포로를 석방한다, 카르타고는 배상금을 10년 동안 분할 상환한다, 로마는 카르타고의 자치와 독립을 존중한다였지. 이 조약에 서명함으로써 카르타고인들은 그들이 400년 동안 쌓아 올렸던 모든 것을 송두리째 잃어버렸단다.

자, 우리도 이러한 비슷한 경험이 있는데, 그게 무엇일까?"

아들은 "경술국치요."라고 대답했다.

"맞아. 이제 2차 포에니 전쟁에 관해 이야기해볼까? 2차 포에니 전쟁하면 생각하는 사람이 있는데 누군지 알겠니?"

"한니발 장군요."

"맞아. 2차 포에니 전쟁에는 역사 속에 잘 알려진 애꾸눈 한니발 장군 이야기가 나온단다. 한니발의 아버지는 1차 포에니 전쟁 때 카르타고의 장군이었어. 그의 아버지가 돌아가셨을 때 한니발의 나이는 18세였지. 그는 매우 똑똑했고 용감했어. 그는 26세에 에스파냐(지금의 스페인)의 총독 자리에 오른단다. 본국 카르타고에서도 그의 능력을 인정해 만장일치로 승인했지. 한니발은 어렸을 적부터 마음속에 품고 있던 생각을 실천에 옮기는데, 먼저 이베리아 반도에 있는, 현재 스페인의 사군토를 함락했어. 사군토는 그리스인이 세운 성곽 도시인데, 로마와는 동맹 관계에 있었지. 로마는 한니발에게 철수를 요구했지만 거절당했어. 그러자 로마는 선전 포고를 했고, 이렇게 2차 포에니 전쟁이 시작됐단다."

"한니발 장군의 활약상에 대해 좀 더 자세히 이야기해주세요."

"한니발은 기원전 218년 29세 나이로 보병 2만 명, 기병 6천 명을 이끌고 현재 이탈리아 북부의 포강에 있는 평야에 이르렀어. 로마가 해상을 통제하고 있었기 때문에 육로를 택해 피레네 산맥과 알프스 산맥을 넘어온 것이란다. 로마군은 현재 프랑스의 남쪽에 있는 항구 도시 마르세유로 올 것을 예상하고 그곳과 큰길에 군대를 집결해 놓았지만, 이를 간파한 한니발은 험난한 산맥을 선택했단다. 이렇게 산을 넘어온 한니발 군대가 처음 치른 전투는 로마군과의 기병전이었어. 이 전투에서 승리함으로써 한니발은 북부 이탈리아를 확보했단다."

아들은 한니발 장군 이야기에 빠져들었다.

"그래서요? 그다음은요?"

"한니발은 에트루리아인이 사는 토스카나를 다음 전쟁지로 결정하고, 아페니노 산맥을 넘어 피렌체로 갔어. 그는 아레조를 공격하고 아레조와 페루자의 중간쯤 되는 곳에 있는 이탈리아에서 네 번째로 큰 호수인 트라시메노 호수를 이용해 전쟁하기로 했지. 로마의 플라미우스가 군대를 이끌고 호반에 들어왔을 때 포위해 대승을 거뒀고, 한니발은 계속 남으로 진격했단다. 그는 곧바로 로마로 가지 않고 로마보다 남쪽에 있는 카푸아라는 곳으로 갔는데, 그 이유는 시민들의 반란을 부추기기 위해서였어. 당시 카푸아는 로마 다음으로 큰 도시였기 때문이지. 그는 여러 전투에서 승리했지만, 로마로 진격해 들어가는 것만은 참았어."

나는 이야기를 계속 이어 나갔다.

"자, 이제 매우 유명한 전투 이야기를 해볼까?"

"무슨 전투요?"

"이 전투는 사관학교, 그러니까 군 장교가 되기 위한 학교에서 포위 섬멸전의 교범으로 쓰일 정도로 유명한 [3]칸나에 전투란다. 생소하지? 이탈리아 남쪽의 칸나에라는 지방에서 치른 전투로, 그 유명한 한니발의 '초승달 전법'이 나왔지. 초승달이 어떻게 생겼지?"

"바나나처럼 생겼어요."

"맞아. 쉽게 말하면 군대를 배치할 때 바나나 모양을 기본으로 중앙에는 가장 약한 병사를 배치하고 끝부분인 날개 쪽에는 기병이나 강한 병력을 배치해 군대의 중앙으로 적군이 들어오면 양쪽 날개로 감싸 초승달 모양이 되게 해 공격하는 것을 말해. 한니발은 이 초승달 전법으로 대승을 거뒀단다."

아들의 입에서 감탄사가 흘러나왔다.

"이때 출전한 한니발의 군대는 6,000명이었고, 로마군은 7만 명이었다고 하는데, 로마군 6만 명은 전사하고 1만 명이 포로가 됐다고 해. 대단하지?"

나는 아들의 반응을 보면서 이야기를 계속했다.

"한니발의 참모들은 로마를 공격하자고 제안했지만, 그는 로마를 공격하지 않았어. 그 이유는 로마가 많은 도시 국가와 동맹 관계에 있었고 이러한 동맹을 끊어야만 로마를 붕괴시킬 수 있다고 믿었기 때문이지. 왜 한니발이 로마를 공격하지 않았는지 이해가 되니?"

아들은 초롱초롱한 눈빛으로 고개를 끄덕이며 "네."라고 대답했다.

"한니발은 기원전 203년 본국인 카르타고로 돌아오라는 명령을 받았어. 그는 망설였지만 17년을 전쟁에 출전했고, 본국으로부터의 지원도 끊어진 상태에서 로마 장군인 스키피오의 위협을 받았기 때문에 돌아가기로 결정했지. 한니발이 로마와 대치해 싸울 때 로마군은 에스파냐에 있는 카르타고 요새에 계속 압력을 가했단다. 스키피오는 에스파냐에서 카르타고군을 물리치는 데 성공했고, 카르타고의 본토로 쳐들어가기로 마음먹었어. 그리고는 누미디아의 마시니사와 손잡고 카르타고 본토 침략의 발판을 마련했지. 스키피오는 카르타고를 계속 위협했고, 기원전 202년 나라의 운명을 건 결전을 준비했단다."

나는 아들에게 이 전투의 이름이 무엇인지 아느냐고 물었다.

아들은 모른다고 대답했다.

"바로 '자마 전투'란다. 스키피오가 지휘하는 로마 연합군과 카르타고 기병대가 전투를 벌였는데 카르타고가 항복하는 것으로 끝났단다. 한니발은 스키피오를 몰랐고, 스키피오는 한니발의 전술을 연구했기 때문에 코끼리를 앞세운 한니발의 부대가 어떻게 나올지 예측할 수 있었지. 그 후 한니발은 부대를 다시 모아 재기를 시도했지만, 내부의 배신으로 쫓기게 됐고, 결국 포로로 잡혀 자결했단다.

아들, 여기에 나오는 연도나 지명은 기억하지 않아도 돼. 그냥 로마와 카르타고가 벌인 전쟁을 '포에니 전쟁'이라고 부른다는 것만 기억하면 된단다."

아들은 고개를 끄덕이며 다음 이야기에 집중했다.

"3차 포에니 전쟁은 기원전 151년에 누미디아의 카르타고 침입으로 시작되는데, 이 전쟁은 로마에 의해 계획된 것이란다. 당시 로마는 계속 영토를 넓혀 나가고 있었고, 로마 내부에서는 매우 오랫동안 전쟁을 했던 카르타고를 완전히 파괴해야 한다는 목소리가 높아졌지. 왜냐하면, 그들의 저력에 놀랐기 때문이란다. 그런데 여기서 말한 그들의 저력이 무엇일까?"

"군사력, 경제력 아닌가요?"

"맞아. 해상 무역을 하는 카르타고는 전쟁 후 5년 만에 국력을 회복해 전쟁 이전처럼 정상으로 돌아왔단다. 그래서 로마는 누미디아에게 뒤를 봐줄 테니 카르타고를 주기적으로 계속 침략하라고 주문했단다. 이러한 일이 계속되자 카르타고는 군사를 움직일 때 로마의 허가를 받아야 한다는 협약을 어기고 누미디아를 침입해 로마군이 카르타고에 들어오는 명분을 줬단다.

이때 4만 명의 군사를 이끌고 들어온 장군은 2차 포에니 전쟁을 승리로 이끈 스키피오 아프리카누스의 양손자인 스키피오 아밀리우스였어. 한편 카르타고 내에서는 전쟁을 하자는 의견과 하지 말자는 의견으로 나뉘었지만, 결국 전쟁을 하지 말자는 의견으로 기울어졌지. 그러자 로마는 전쟁하지 않고 돌아가는 조건으로 그들이 가진 무기를 모두 넘기도록 했지. 이때 카르타고에서 나온 무기는 10만 명이 중무장할 수 있는 규모였다고 해. 이에 놀란 로마군은 그들을 그냥 둬서는 안 되겠다고 생각하고, 수도인 카르타고를 파괴한 후 15km 떨어진 곳으로 이주할 것을 명령했어. 이러한 로마의 요구에 카르타고인이 불복해 일어난 전쟁이 3차 포에니 전쟁이란다.

3차 포에니 전쟁 때 카르타고 사람들에게는 무기로 사용할 만한 것이 아무것도 없었어. 이에 카르타고인은 장기전을 위한 식량을 모으고 나뭇가지와 로마군에게 빼앗은 무기를 이용해 3년 동안 결전을 했지. 그리고 화평을 주장했던 사람들을 모두 처형했단다.

　3차 전쟁에서 승리한 로마군은 카르타고를 무자비하게 파괴했고, 로마인들은 그들이 두려웠는지 아무것도 자라지 못하도록 땅을 갈아 소금을 뿌려 불모지로 만들었어. 당시 25만 명이던 카르타고 시민은 겨우 5만 명만이 살아남았고, 살아남은 사람도 노약자뿐이었지. 이렇게 고대 해상 왕국 카르타고는 사라졌단다. 로마는 카르타고가 다스렸던 땅을 속주로 삼았어. 이렇게 해서 드디어 로마는 지중해 세계에서 확고한 패권자가 됐단다."

　나는 아들에게 물었다.
　"로마와 전쟁을 한 나라는 어느 나라지? 그리고 이 전쟁을 무엇이라 부르지?"
　그러자 아들이 너무 쉽다는 듯한 표정을 지면서 대답했다.
　"카르타고이고, 포에니 전쟁이라 불러요."
　"맞아. 오늘 들은 이야기에 나오는 여러 이름을 다 알 필요는 없어. 하지만 말한 '카르타고와 포에니 전쟁'은 꼭 기억해두면 좋을 것 같아."

주

1 카르타고_ 현재의 튀니지 일대에 위치해 있던 페니키아인 계열의 고대 도시. 카르타고라는 이름은 고대 로마인들이 부른 것으로, 페니키아어로는 콰르트하다쉬트이며, 그리스인은 칼케돈이라 불렀다. 지중해를 사이에 두고 로마와 패권 다툼을 벌였으며, 기원전 146년 제3차 포에니 전쟁에 패배해 로마 공화정의 아프리카 속주의 일부가 됐다.

2 포에니 전쟁_ 기원전 264년에서 기원전 146년 사이에 로마와 카르타고가 벌인 세 차례의 전쟁. 포에니 전쟁의 주요 원인은 당시 지중해에 패권을 잡은 카르타고와 새로이 떠오르는 로마의 이해관계가 충돌했기 때문이었다.

3 칸나에 전투_ 제2차 포에니 전쟁 중인 기원전 216년에 이탈리아 중부 아프리아 지방의 칸나이 평원에서 로마 공화정 군과 카르타고군 사이에 벌어진 전투

05
그라쿠스 형제의 개혁
_ 변화를 추구하다

그라쿠스 형제는 개혁법을 시행해 귀족들에게만 배분됐던 공유지를 로마 시민들에게 공평하게 땅을 나눠줘야 한다고 주장했지만, 환영을 받지 못했다. 그 후 60년 뒤에 가이우스 율리우스 시저에 의해 실행에 옮겨졌다.

해가 동쪽에서 서쪽으로 넘어갈 즈음, 우리 집 거실로 햇살이 들어온다. 나는 거실 소파에 앉아 진한 커피를 한 모금 마셨다. 아들은 틈만 나면 열심히 종이에 뭔가를 그렸다. 나는 아들에게 물어봤다.

"커서 무엇이 되고 싶니?"

예전에는 군인, 소방대원, 경찰 등이 되고 싶다고 말하곤 했는데, 지금은 어떨까 궁금해졌기 때문이다. 아들은 나를 바라보더니 이내 말했다.

"불쌍한 사람을 도와주는 사람이 되고 싶어요. 길에서 종이 줍는 할아버지, 할머니를 보면 마음이 이상해요. 과학자가 돼 그들에게 필요한 뭔가를 만들거나 그들에게 도움이 되는 일을 하는 사람이 될래요."

"우리 아들 기특하네. 이제 다 큰 것 같고…. 그럼 오늘은 역사 속 인물 중에서 다른 사람을 위해 일한 훌륭한 분들에 관해 이야기해줄까? 로마에 관한 이야기를 여러 차례 했는데, 이번에는 '그라쿠스 형제' 이야기란다."

"그라쿠스 형제는 처음 듣는 이름인데요. 로마 사람인가요?"

"응. 로마는 당시 모든 정치와 종교의 중심이었고, 지금 이야기하려고 하는 그라쿠스 형제의 활동 무대였단다. 일전에 말한 로마의 일곱 개 언덕 중에서 정치와 종교의 중심지라고 불리는 캄피돌리오 언덕, 로마가 건국한 왕궁이 있는 포로 로마노 언덕, 평민의 언덕이라 불리는 아벤티노 언덕 이 세 곳이 그라쿠스 형제가 소외된 사람을 위해 활동했던 곳이지. 그럼 그라쿠스 형제의 이야기를 시작할게."

우리가 일반적인 서양사 책을 읽어 나가면서 그라쿠스라는 이름을 기억해내기는 쉽지 않을 것이다. 하지만 아들에게 그라쿠스 형제에 관한 이야기를 하는 것은 이들 이후로 로마에 많은 변화가 있었고, 이들이 추구했던 정책이 오늘날에도 세계의 많은 나라에서 사용되고 있기 때문이다.

"우선 이들은 명문 집안 출신이야. 형제의 이름은 형 티베리우스 그라쿠스와 동생 가이우스 그라쿠스였고, 형제의 아버지는 티베리우스 그라쿠스지. 형의 이름과 아버지의 이름이 같단다. 그리고 외할아버지가 포에니 전쟁 때의 명장 스키피오 아프리카누스야.

포에니 전쟁의 주인공 중 한 사람인 스키피오 아프리카누스의 딸이자 그라쿠스 형제의 어머니인 코르넬리아는 아들을 양육하기 위해 이집트 왕의 청혼까지도 거절했다고 해. 이렇듯 그라쿠스 형제는 명문 집안에서 태어나 좋은 교육을 받고 자랐지."

아들은 나에게 바짝 다가앉았다.

캄피돌리오 언덕

"당시의 로마는 포에니 전쟁 이후 귀족층, 부유층에 의해 토지가 독점돼 대토지 소유자는 증가하는 반면, 중소 농민은 몰락하는 등 빈부 격차가 벌어져 많은 사회 문제를 낳았지. 과거든 현재든 어느 나라에나 빈부 격차는 존재하기 때문에 소외 계층이 생기는데, 이것이 심화되면 사회 문제를 낳게 된단다."

아들은 "빈부 격차로 인한 사회 문제…."라고 중얼거리더니 나에게 물었다.

"그럼 이러한 문제를 해결하려고 했던 사람이 있었나요?"

"물론 있었지. 그 사람에 관해 이야기해줄게. 그라쿠스 형제 중 형인 티베리우스는 기원전 134년 여름, [1]호민관으로 선출됐어. 호민관이 된 그는 빈부 격차를 줄이기 위해 토지 제도를 개혁하기로 했지. 티베리우스는 귀족들의 공유지 점유를 제한했고, 이로 인해 귀족들은 티베리우스의 적이 됐어. 물론 모두는 아니지만, 기득권자인 귀족들은 자신이 가진 기득권을 내놓지 않으려고 했지."

이때 아들이 "공유지가 뭐예요?"라고 물었다.

"로마가 다른 나라를 정복한 후 그 나라의 땅도 소유했는데, 그 땅을 공유지라 불렀어. 그리고 공유지가 생기면 모든 시민에게 골고루 나눠줬지. 로마가 건국되고 나서 한참 동안은 공유지를 모든 시민에게 나눠주는 관습은 엄격하게 지켜지다가, 오랜 시간이 지나자 잘 지켜지지 않았어. 힘이 센 사람이 욕심을 부려 힘이 약한 사람의 몫을 차지했기 때문이지. 이게 너무 심해지니까 결국 문제가 생기기 시작한거야."

나는 이야기를 계속했다.

"그라쿠스 형제 시대에는 이런 상황이 더욱 심해져 공유지는 귀족들에게만 분배됐고, 평민들에게는 전혀 돌아가지 않았어. 귀족들은 그 땅을 노예들에게 경작시켜 수확물을 독차지했지. 힘든 전쟁을 치르고 돌아온 군인들에게도 공유지가 배분되지 않아 경작할 땅이 없었어. 심지어 집도 없는 사람까지 생겼지.

이때 티베리우스 그라쿠스가 나서서 로마의 옛 관습대로 모든 시민에게 공평하게 땅을 나눠줘야 한다고 주장했어. 호민관이 된 티베리우스는 귀족들의 공유지를 제한하는 법을 제안했어. 나머지 땅은 가난한 시민들에게 균등하게 나눠줘야 한다는 것을 골자로 하는 농지법을 기원전 133년에 제정했지. 이 농지법은 법학자, [2]원로원, 법률가에 의해 작성됐어. 법은 승인됐고 귀족들은 소유하고 있던 땅의 상당한 양을 포기해야만 했지. 그래서 가난한 시민들도 땅을 가질 수 있게 됐단다."

아들은 그 이후의 이야기도 궁금해했다.

"소아시아 페르가몬의 왕 아탈로스가 죽자, 그의 모든 재산은 로마로 보내졌는데 귀족들은 이 재산을 가로채려고 했어. 그러나 티베리우스가 이것도 시민들에게 나눠주자 귀족들은 티베리우스를 더욱 미워하게 됐고, 그를 제거할 음모를 꾸몄지. 그들은 티베리우스가 왕이 되려고 한다는 소문을 내기 시작했어. 그런데도 호민관 선거일에 티베리우스의 지지자들이 수없이 모여들었고, 이러한 기세라면 그가 다시 선출될 게 분명했어. 귀족들은 그가 호민관이 되는 것은 막

고대 로마의 중심지였던 포로 로마노

기 위해 집정관에게 선거의 무효를 주장했지만, 받아들여지지 않았지. 그러자 철제 곤봉을 휘둘러 티베리우스와 그의 추종자들을 살해하고 말았어. 티베리우스를 죽인 사람은 그와 함께 호민관을 지냈던 푸블리우스 사트레이우스였지. 그는 많은 사람이 모인 자리에서 티베리우스의 머리를 내리친 후, 그의 시체를 테베레강에 던져 버렸어. 현재 로마 시청이 있는 캄피돌리오 언덕에서 티베리우스와 그의 추종자 300여 명이 피살됐고, 나머지 친구들은 재판도 없이 죽임을 당하거나 추방됐단다."

"정말 너무해요. 그 이후는 어떻게 됐나요?"

"이후 10년이 넘는 시간이 흘러 동생 가이우스 그라쿠스가 호민관이 됐어. 당연히 형의 정치 개혁을 이어받아 토지 문제를 해결하려고 곡물법을 제정했지. 로마 빈민들에게 시가의 반값으로 식량을 배급하기 위한 목적이었단다. 또한 토목 공사를 통해 일자리를 창출하기도 했지. 그리고 가이우스는 군용 의복과 장비 지급, 군 복무 기간 단축 등을 골자로 한 법안을 제정하려고 했지만, 원로원의 반대로 실패한 후 죽음을 맞이해.

카르타고 식민지 건설이나 로마 시민권의 확대 법안, 토지 개혁을 비롯한 대부분의 개혁이 당시에는 무효가 됐어. 폭력으로 진압된 그라쿠스 형제의 개혁 실패는 로마의 앞날을 결정짓게 됐지.

동생 가이우스 그라쿠스의 죽음에 대해서는 자살과 타살의 두 가지 주장이 있지만, 정확하지는 않아. 결국, 자살이든 타살이든 그는 캄피돌리오 언덕과 마주 보고 있는 아벤티노 언덕에서 평민을 위해 일하다 죽어 형처럼 테베레강에 버려졌어. 그를 따르던 일파와 함께 버려졌는데 그 수가 무려 약 3,000명이나 됐다고 해."

"끔찍하네요." 아들이 얼굴을 찌푸렸다.

"당시 얼마나 많은 사람이 개혁을 위해 일하다 죽었는지 알 수 있겠지?

그라쿠스 형제의 토지 개혁법은 약 60년 후에 가이우스 율리우스 시저에 의해 실행에 옮겨졌지만, 당시에는 환영받지 못했고, 나중에야 가이우스의 개혁이 옳았음이 증명돼 대부분 실행됐어. 그라쿠스가 실업자를 위해 실행했던 도로와 창고 건설, 그리고 농촌 보호를 위해 곡식을 비싸게 매입해 싸게 판매하는 제도 등은 현재 많은 나라에서 실업자 구제나 농민 구제를 위해 아직도 시행하고 있는 방법이야."

1 **호민관**_ 고대 로마의 관직. 평민의 이익을 대변하는 민정 호민관과 군사적인 일을 처리하는 군사 호민관으로 나뉜다.
2 **원로원**_ 고대 로마의 정치 기관

06 삼두 정치
_ 권력을 잡기 위해 손을 잡다

로마는 기원전 753년에 건국 왕정 시대를 거쳐 공화정 그리고 1, 2차 삼두 정치가 실행됐다. 1차는 시저, 2차는 '존엄한 자'라는 칭호를 얻은 시저의 조카이자 양아들인 옥타비아누스가 주인공이다.

"아빠, 로마 제국 시대에 있었다는 삼두 정치가 뭐예요?"

오늘은 아들이 먼저 이야기의 주제를 꺼냈다. 나는 마음속으로 아들을 대견해 하며 이야기를 시작했다.

"삼두 정치란, 말 그대로 '세 사람이 정치한다.'는 뜻이야. 저번에 로마는 기원전 753년에 건국하면서 왕정 시대를 맞이했다고 이야기했지? 이후 기원전 5세기 초 로마 제국은 에트루리아왕을 몰아내면서 공화정이 됐는데, 그때가 기원전 510년이란다. 이 공화정 시대에 포에니 전쟁이 일어나고, 그 후에 삼두 정치가 시작되지. 1차 삼두 정치는 기원전 60년부터 기원전 53년까지 카이사르, 폼페이우스, 크라수스에 의해 행해졌어. 로마의 유력자였던 세 사람이 자신들의 이익을 도모하기 위해 삼두 정치를 시작했다고 보면 돼. 카이사르는 우리가 알고 있는 '시저'를 말한단다. 이 세 사람은 어떻게 해서 삼두 정치를 하기 시작했을까?"

아들이 귀를 쫑긋 세웠다.

"카이사르는 자신을 반대하는 원로원에 맞서 폼페이우스와 손을 잡았어. 폼페이우스가 카이사르의 집정관 당선을 도와주면 카이사르는 폼페이우스의 퇴역병을 위한 토지 배분을 추진하기로 합의한 거지. 하지만 카이사르는 폼페이우스의 영향력이 워낙 커서 만일 둘만의 연합일 경우에는 카이사르가 불리해질 것을 염려해 그 당시 최고 부자인 크라수스를 끌어들이게 되지. 그런데 크라수스는 폼페이우스와도 사이가 좋은 편이 아니었어. 그럼에도 불구하고 폼페이우스가 크라수스를 받아들인 이유는 재정 후원자로서 가치가 있었기 때문이야.

재미있는 것은, 이들 세 명은 서로 얽힌 감정이 있었어. 폼페이우스와 카이사르의 관계를 보면, 폼페이우스가 동방 원정을 떠났을 때 카이사르가 그의 아내와 불륜을 저질렀다는 소문이 돌았지. 하지만 폼페이우스는 아내와 이혼했을 뿐, 문제로 삼지 않았어. 그리고 크라수스와 카이사르는 채권·채무자의 관계였고, 또 폼페이우스는 크라수스를 한 수 아래로 보았고, 크라수스는 로마 최고의 금력가 중 한 사람이었지만 폼페이우스에게 많은 열등의식이 있었단다."

"서로 얽혀 있는 관계였군요."

"1차 삼두 정치에서의 주인공은 카이사르야. 이들의 삼두 정치는 기원전 59년에 카이사르가 ¹집정관에 당선되면서 본격적으로 시작됐어. 그리고 폼페이우스는 카이사르의 외동딸 율리아와 결혼했어. 집정관이 된 카이사르는 폼페이우스와 크라수스의 도움을 받아 그라쿠스 형제 이후 숙원이었던 농지 개혁법 법안을 제출했지만, 농지 개혁법은 항상 문제가 됐어. 왜냐하면, 기득권자와 비기득권자와의 관계 때문이었지. 그라쿠스 형제 이후에도 농지 개혁법 제안자가 살해당하고, 유혈 사태가 일어나기도 했을 정도로 말이야. 이번에도 카이사르의 농지 개혁법을 원로원파인 카토와 키케로가 반대했지만, 퇴역병과 민중을 선동한 삼두 정치파의 폼페이우스와 크라수스에 의해 통과됐어. 그리고 공동 집정관이던 비불루스가 퇴장하는 바람에 카이사르는 남은 임기 동안 혼자서 집정관직을 수행했지."

"결국 삼두 정치라는 것은 정치적으로 하나가 돼 뜻을 같이하는 것을 의미하는 건가요?"

"맞아. 하지만 나중에 그들의 뜻이 달라지면서 삼두 정치도 끝나게 된단다."

나는 이야기를 계속 이어 나갔다.

"그 후 기원전 56년, 세 사람은 이탈리아 중북부 토스카나에 있는 루카에서 만났어. 여기서 그들은 이듬해 집정관 선출과 속주 지휘권을 주제로 논의했고, 폼페이우스와 크라수스가 나가기로 약속했어. 그리고 카이사르는 현재의 프랑스인 갈리아의 지휘권을 5년 더 연장하기로 했고, 둘은 각각 현재의 스페인인 에스파냐와 시리아의 속주 지휘권을 갖기로 했지.

하지만 이러한 권력 균형은 2년 후 휘청거리기 시작해. 기원전 54년 카이사르의 딸이자 폼페이우스의 아내인 율리아가 아기를 낳다 사망하자, 장인과 사위의 관계가 깨졌지. 크라수스는 오늘날 이란 지역의 북동쪽에 있는 나라인 파르티아와의 전쟁 중 사망했어. 그 와중에 폼페이우스가 원로원 편으로 기울기 시작하면서 삼두 정치는 위기를 맞이하게 된단다. 이후 폼페이우스가 원로원파인 메텔루스 스키피오의 딸과 결혼함으로써 1차 삼두 정치는 종결되고, 서로 정적이 되고 말지. 그러면서 결국 로마에 내전이 일어나게 돼.

삼두 정치도 그렇지만 유럽의 역사를 보면 혼인을 정략적으로 이용하는 경우가 많단다. 이제 로마의 내전 이후 이야기를 해볼까?

폼페이우스는 카이사르와의 내전에서 패하고 이집트에서 사망했어. 이후 카이사르는 로마에서 최고 권력자로 등극했지. 그는 로마의 정치·사회 등 폭넓은 분야에 걸쳐 개혁을 했고, 종신 독재관을 선언했어. 하지만 역사 속의 모든 독재자처럼 종말은 비참하게 끝났단다. 공화정으로의 복귀를 원하는 원로원 의원들과 그의 양아들인 브루투스에 의해 살해됐지. 카이사르의 죽음 이후 로마는 또다시 권력 투쟁에 휩싸이지."

"그렇게 1차 삼두 정치가 끝나게 된거군요. 2차 삼두 정치에 대해서도 알려주세요."

"2차 삼두 정치는 옥타비아누스, 안토니우스, 레피두스가 그 주인공이야. 2차 삼두 정치는 1차 삼두 정치와 달리 정치·군사적 협약으로 볼 수 있어. 1차 삼두 정치가 비밀리에 진행된 것이라면 2차 삼두 정치는 공인된 것이며, 로마 공화정이 붕괴하고 제정으로 넘어가는 결정적인 사건 중 하나란다.

옥타비아누스, 안토니우스, 레피두스는 권력을 잡기 위해 기원전 43년 11월, 현재의 이탈리아 볼로냐에서 만나지. 이들은 이 자리에서 살생부를 작성해 반대파를 제거하고 카이사르를 살해한 브루투스와 카지무스를 격파했어. 레피두스는 로마에서 이들을 도와줬지.

　2차 삼두 정치에서 레피두스는 일찌감치 내려오고 옥타비아누스와 안토니우스 두 사람이 경쟁하게 됐어. 일찍부터 이집트의 클레오파트라를 사랑했던 안토니우스는 그녀와 결합하기 위해 옥타비아누스의 누이인 부인과 이혼을 한단다. 이로써 2차 삼두 정치는 기원전 33년에 끝나고, 안토니우스와 옥타비아누스는 내전에 돌입하게 돼.

　안토니우스는 에페수스, 아테네, 파트라스에 잇달아 전선을 구축하지. 반면, 옥타비아누스와 그의 장군 아그리파는 이탈리아에서 이오니아 해를 건너는 작전으로 안토니우스의 주요 방어 지점을 점령하는 데 성공해. 그리고 최종적으로 악티움 해전에서 승리하지.

　기원전 30년에 아그리파 장군은 이집트에 상륙한단다. 그때 안토니우스 측의 전세는 매우 불리한 상황이었지. 안토니우스는 클레오파트라가 죽은 줄 알고 자살했고, 클레오파트라는 독사에게 자신을 물도록 해 자살했어. 그리고 클레오파트라와 카이사르 사이에서 태어난 아들 카이사리온도 옥타비아누스에게 살해되는 일이 벌어진단다."

　"참 안타까운 상황이네요."

　"2차 삼두 정치가 끝나고 제국 시대가 시작됐어. 옥타비아누스는 원로원으로부터 아우구스투스라는 칭호를 받았고, 예수 그리스도가 탄생함으로써 기원후 시대를 맞이하게 되지. 기원후 61년 성 바울이 로마에 들어오게 된단다. 이후 312년에 콘스탄티누스 대제가 기독교를 공인했고, 380년에는 테오도시우스 황제가 기독교를 공인했어."

"그 후 395년에 로마 제국이 동·서 로마 제국으로 분리되나요?"

"맞아. 동·서 로마는 비슷하지만 서로 다른 문화를 가지게 됐어. 동로마 제국은 서로마 제국이 멸망하고 난 후 약 천 년 동안 번성했지. 서로마 제국은 476년에 게르만 용병 대장인 오도아케르에 의해 멸망했단다. 그러고 나서 중세 시대를 거치게 되는데, 중세 시대에는 정치·예술·문화 등 모든 것의 중심에 기독교가 있었어. 그러다가 14세기 들어 르네상스 시대가 되면서 다시 인간을 중심으로 한 회귀가 시작된다고 볼 수 있지."

1 **집정관_** 정무관 중 최고 지위로, 행정 및 군사의 대권을 장악하고 원로원과 합해 민회를 소집하는 권한을 가진다. 비상시 한 사람의 독재관에게 전권을 위임 집정관이 임기를 마치면 전직 집정관이 된다.

07
로마의 분열과 디오클레티아누스 황제

_ 로마, 동서로 나뉘다

로마는 건국 후 왕정, 공화정 그리고 제정 시대를 맞이하고 오현제 시대를 지나 군인 황제 시대가 도래한다. 디오클레티아누스 황제는 군인 황제를 종식시키고 양분 통치와 사분 통치를 실시한다.

"아들, 오늘은 로마가 동로마와 서로마로 어떻게 갈라지게 됐는지 이야기해줄게."

"네, 좋아요."

"로마는 기원전 753년에 건국했고, 왕정 시대를 거쳐 공화정 시대로 넘어간단다. 이때 앞서 말한 포에니 전쟁이 일어나. 그리고 1, 2차 삼두 정치도 행해지지. 이후 제정 시대를 맞이해. 이때 예수가 탄생하고 기독교가 공인되고 '팍스 로마나'라 불리는 안정된 시대가 펼쳐진단다."

"그다음 중세 시대로 넘어가죠?"

"그렇지. 문화의 암흑기라 불리는 중세 시대는 15세기까지 이어진단다. 이 시기에는 고트족이 이탈리아 반도에 왕국을 세우고 신성 로마 제국의 대관식이 있었지. 14세기 말부터 17세기까지는 신 중심에서 인간 중심으로의 변화가 일어나는 르네상스 시대란다. 이때 성 베드로 대성당도 완공되고. 어때? 이제 로마의 역사를 대략 파악할 수 있겠지?"

아들은 내 곁에 앉아 계속 얘기해달라고 졸랐다.

"그래, 이번에는 동서 로마의 분열과 그 중심에 있었던 디오클레티아누스 황제에 관해 이야기할게.

서기 180년 팍스 로마나 시대의 오현제 중 마지막 왕인 마르쿠스 아우렐리우스가 죽고 난 로마에 길고 어두운 혼란의 시기가 찾아온단다. 팍스 로마나는 매우 어진 황제들에 의해 다스려져 로마가 평화와 번영을 함께 누리던 때를 말해. 하지만 오현제의 마지막 황제가 죽은 후 100년 동안 혼란이 계속됐고, 거의 매년 황제가 바뀌었어. 당시에는 군대가 황제들을 좌지우지했지."

스플리트의 디오클레티아누스 궁전

"드디어 로마 제국이 분리되는 시기가 왔군요."

"이때 로마 제국이 동서로 분리되는 데 중요한 역할을 하는 인물이 등장하지. 군대의 추대를 받아 황제에 오른 바로 디오클레티아누스란다.

일반적으로 로마 황제는 모두 로마 출신인 것으로 알고 있지만, 사실 그렇지 않아. 로마에서 태어나지 않고 다른 지역에서 태어난 황제도 여럿 있어. 그중 대표적인 황제가 디오클레티아누스와 동로마 제국의 황제를 지낸 유스티니아누스야."

"디오클레티아누스 황제는 어디서 태어났는데요?"

"디오클레티아누스 황제는 현재 크로아티아의 달마티아 지방 중 스플리트 근처의 살로나에서 태어났어. 그는 17세에 로마의 말단 군인으로 들어갔고, 전임 황제 누메리아누스의 경호 대장으로 있던 중 황제가 살해되는 사건이 발생하자, 그의 부하들이 그를 황제로 옹립했지. 황제가 된 디오클레티아누스는 한 사람의 황제가 로마 제국을 다스리기에는 너무 넓어 많은 반란이 일어난다고 생각했어. 그래서 그는 로마 제국을 둘로 나누었지. 하나는 소아시아 서부의 [1]니코메디아를 수도로 하는 동로마 제국이었고, 다른 하나는 밀라노를 수도로 하는 서로마 제국이었어. 그리고 동로마 제국은 자신이 맡고, 서로마 제국의 황제로는 막시미아누스를 임명했지.

막시미아누스는 서로마 제국의 황제에 오르자마자 군사 활동을 시작했어. 프랑크족, 갈리아족, 북아프리카의 사막 민족을 소탕하고 몰아냈지. 막시미아누스 황제는 아우렐리아누스 황제와 마찬가지로

도나우강 근처의 시르미움에 위치한 도시 미트로비차에서 태어났고, 사회적으로 하층 계급이었어. 시르미움은 오늘날의 코소보 북부에 해당해. 이렇게 로마 제국은 동서로 나뉘어 두 명의 황제가 통치하게 됐어."

"흥미진진한데요."

"디오클레티아누스의 방위선은 도나우강이였고, 막시미아누스가 맡은 곳은 갈리아, 브리타니아(영국), 히스파니아(스페인), 북아프리카였어. 3세기의 로마는 무척 혼란스러웠고, 심각한 상황이 도래했지만, 두 명의 뛰어난 황제는 이러한 어려움을 잘 극복했지. 284년 시작된 양두 정치는 이후 동로마와 서로마에서 각각 부황제를 임명해 4명이 다스리는 사두 정치로 이어졌어."

"왜 두 명의 황제가 동로마와 서로마를 나눠 통치하다가 다시 부황제를 임명한 건가요?"

"그 이유는 바로 군인들의 조종을 받지 않고 황제 자리를 계승하기 위해서였어. 동로마 황제 디오클레티아누스가 임명한 부황제는 갈레리우스 막시미아누스Galerius Maximianus였고, 서로마 제국의 황제인 막시미아누스가 임명한 부황제는 2콘스탄티우스 클로루스Constantius Chlorus였어. 이러한 사두 정치는 '정제와 부제'의 차이는 있지만, 실질적으로는 특히 군사 면에서 4명의 황제가 각각 담당 구역을 명확히 해 제국 전역을 공동으로 방위하는 체제였단다.

우선 서방의 정제인 막시미아누스의 본거지는 밀라노였고, 현재의 이탈리아와 아프리카를 담당했어. 그리고 부황제인 콘스탄티우스

클로루스는 현재의 스페인, 갈리아, 독일, 영국을 맡았지. 사두 정치를 만들어낸 동방 황제인 디오클레티아누스는 소아시아(현재의 터키)를 담당했고, 부황제인 갈레리우스는 현재의 발칸 지역을 방어선으로 삼았단다. 이렇게 사두 정치는 4명의 황제가 방어선을 나눠 공동으로 방위하는 시스템이었어.

디오클레티아누스가 한 일을 정리해볼까? 그는 제국에 통일과 질서를 가져왔어. 그리고 군제, 세제, 화폐 제도의 개혁도 단행했고, 페르시아 궁정 예절을 도입했고, 많은 신전을 세웠지. 반면, 로마 제국에서 마지막으로 기독교를 탄압한 황제이기도 해. 303년에는 기독교 탄압을 위한 칙령까지 발표하기도 했단다. 교회와 성물, 성전을 파괴하고 기독교 모임 자체를 허락하지 않았어."

"당시 상황은 어땠나요?"

"당시 동방과 소아시아에는 기독교가 만연해 있었고, 디오클레티아누스의 기독교 박해 정책에 대한 반발로 각지에서 봉기가 일어났어. 디오클레티아누스 황제는 군대를 보내 진압했어. 이러한 탄압은 313년 콘스탄티누스 대제의 밀라노 칙령으로 막을 내리게 된단다."

주

1 **니코메디아_** 오늘날 터키의 이즈미트. 아나톨리아 지방 북서부에 있는 고대 도시 이름
2 **콘스탄티우스 클로루스_** 콘스탄티누스 1세의 아버지. 일리리아 출생으로, 군사적 전과를 올린 후 달마티아 총독으로 부임했다.

TIP

모든 길은 로마로 통한다

로마의 도로(가도)는 고대 로마가 성장하는 데 중요한 역할을 했다. 로마인은 이 도로 덕분에 군대 이동과 물자 교역 등을 쉽게 행할 수 있었다. 로마의 도로는 한 장소에서 다른 곳으로 재화를 옮기는 수단이며, 작고 거친 길, 승마길, 터널, 수레길에 이르기까지 다양했다. 로마의 도로망은 제국의 안정을 유지하고 확대하는 데 한몫을 하기도 했지만, 고대 말기에는 이민족의 침략에 이용되기도 했다.

로마의 도로 유형은 크게 공공 도로, 사설 도로, 지역 도로로 나뉜다. 공공 도로는 국유지에 부설됐으며, 바다, 강, 다른 공공 도로와 연결됐다. 사설 도로는 개인이 자기 땅에 건설한 도로로, 건설자는 이 도로를 공용으로 전환할 수 있었다. 지역 도로는 마을이나 지방, 교차로에서 각 취락으로 향하거나 그런 곳을 지나가는 도로를 말한다. 지역 도로는 간선 도로와 연결되거나 다른 지역 도로와 연결되기도 했다. 건설 자금이 어디서 나왔느냐에 따라 공공 도로일 수도 있고, 사설 도로일 수도 있었다. 이러한 도로는 개인이 건설한 도로일지라도 건설자에 대한 기억이 사라지면 공공 도로가 됐다.

도로의 이름은 건설과 복구를 명령한 감찰관의 이름을 따서 지어졌다. 감찰관 임기 전에 생긴 도로나 기원을 알 수 없는 도로에는 종착지 지명이나 주로 지나가는 지역의 지명을 붙였다. 감찰관이 어떤 도로를 포장, 재포장 혹은 경로를 바꿀 경우에는 다른 이름을 붙이기도 했다.

PART 4

유럽 세계 변화의 주역, 게르만족

게르만족은 게르만어를 사용하는 민족을 총칭한다. 스웨덴, 덴마크, 노르웨이, 잉글랜드, 아이슬란드, 네덜란드, 오스트리아, 독일이 게르만족에 속한다.

벨베데레 궁전

01
프랑크 왕국
_ 베르됭 조약과
메르센 조약

샤를마뉴의 뒤를 이어 왕이 된 루트비히 1세는 관습대로 그의 세 아들에게 자신의 땅을 나눠줬는데, 형제들의 내전으로 베르됭 조약이 체결되고, 프랑크 왕국은 오늘날의 독일, 프랑스, 이탈리아로 나눠진다.

"아들, 고대 이후 유럽 역사에서 프랑크 왕국을 빼놓고 이야기할 수 없어. 지금의 독일, 프랑스 그리고 이탈리아의 역사를 담고 있기 때문이지. 유럽을 이해하려면 프랑크 왕국에 대한 이해가 필수라고 생각한단다. 그럼 이때의 시대적 배경은 어떠했을까?"

"게르만족이 국가를 수립하던 시기 아닌가요?"

"맞아. 당시는 비잔티움 제국의 유스티아누스 1세가 반달족, 동고트족을 토벌하고, 아랍인이 서고트족을 제거할 때야. 그리고 서로마 제국이 멸망하고 게르만족이 대거 이동하면서 국가를 수립하던 시기이기도 하지. 게르만 민족의 이동을 일으킨 훈족은 5세기에 가장 번성해 대제국을 이뤘어. 하지만 453년 [1]아틸라가 죽은 후 왕자들의 분열, 게르만족 반란 등이 일어나 결국 훈 제국은 멸망했단다.

아들, 이 정도면 당시의 배경에 관해 이해가 됐지? 자, 이제 프랑크 왕국에 관한 이야기를 해보자."

"프랑크 왕국은 서프랑크계의 게르만족이 세웠죠."

"잘 아는구나. 그들은 9세기까지 존속했고, 근거지는 라인강 하류 지역이었지. 이 종족은 다른 게르만족들처럼 이동하며 생활하지 않았고, 기존 게르만 부족을 통합했어. 그리고 그들의 정체성을 유지했지."

나는 이야기를 계속 이어 나갔다.

"프랑크족은 481년에 예전의 로마 속주인 갈리아 북부에서 왕국을 수립했어. 클로비스 1세가 메로빙거 왕조를 세우면서부터지. 이후 9세기까지 존속했는데, 로마 제국이 번성했을 때는 게르만인과 로마인의 문명 차이가 500년 정도 됐다고 해. 게르만의 시대가 되면서 유럽의 또 다른 모습이 만들어졌다고 볼 수 있어. 그 이유는 서로마 제국 멸망 후 라틴 문화와 게르만 문명이 융합돼 발전했기 때문이야."

성 데니스의 클로비스 1세 왕릉

"유럽의 역사는 종교를 이해하지 못하면 이해하기 어려운 것 같아요."

"맞아. 그러면 최초의 그리스도교 국가는 어디일까? 프랑크 왕국은 서유럽 중심 지역을 통합한 최초의 그리스도교 국가야. 이를 달리 이야기하면 서유럽의 기독교 문화와 중세 제도의 근본이 됐다고 할 수 있지. 하지만 한편으로는 역사학자들이 '유럽의 암흑기'라고 불렀던 중세 시대가 게르만으로부터 시작됐어."

"국가가 성립되고 난 후의 프랑크 왕국에 관해 이야기해주세요."

"오늘날 프랑스와 독일은 프랑크 왕국의 초기 역사를 각자 자기 나라의 역사로 보고 있단다. 초기 역사라고 하면 메로빙거 왕조와 카롤링거 왕조로 볼 수 있는데, 이 두 왕조에 관해 살펴보자."

이야기가 깊어지자, 아들은 점점 흥미를 느끼기 시작했다.

"먼저 프랑크 왕국의 메로빙거 왕조에 관해 이야기해보자. 메로빙거 왕조는 ²골족과 고대 그리스의 아르카디아 지역 출신이야. 이들의 통치 기간은 5세기 말 클로비즈 1세가 갈리아 전역을 지배하고 카를 마르텔의 아들 피핀이 왕위에 즉위하기까지야. 그 후 아우스트라 출신으로 메로빙거 왕조에 종사하는 궁재 출신의 카롤링거 왕조로 나눠지지.

이 두 왕조를 거치면서 오늘날 중서부 유럽의 모습을 갖추게 됐는데, 두 조약이 기초가 됐어. 이 두 조약이 무엇인지 알아보려면 먼저 프랑크족의 전통적인 관습을 살펴봐야 해. 바로 아버지가 자신의 재산을 아들들에게 똑같이 나눠주는 풍습이지.

9세기 초인 814년 샤를마뉴의 뒤를 이어 왕이 된 인물은 루트비히

1세였어. 그는 아들 세 명을 뒀는데, 그도 프랑크족의 관습대로 자신의 땅을 세 아들에게 나눠줬지. 첫째 아들 로타르 1세에게는 프랑크 중부 지역, 둘째 아들 루트비히 2세에게는 동부 지역, 셋째 아들 카를에게는 서부 지역을 나눠줌으로써 프랑크 왕국은 셋으로 쪼개지게 됐어.

하지만 그 후 문제가 발생했어. 형제 사이에 전쟁이 일어난 것이지. 루트비히 1세의 둘째 아들 루트비히 2세가 동생 카를과 손잡고 형 로타르 1세를 공격했는데, 이들 형제간의 내전은 매우 심각했어. 그러다가 843년 8월 전쟁을 끝내기 위한 [3]베르됭 조약이 체결됐어. 바로 이 조약으로 인해 프랑크 왕국은 각각 지금의 독일인 동프랑크, 프랑스인 서프랑크, 프랑스 동부와 이탈리아인 중프랑크로 분리됐지. 그리고 카를 대제가 세운 제국은 해체되기 시작했단다.

중프랑크의 로타르 1세가 사망하고 그의 후계자이던 아들 로타르 2세도 869년 사망하면서 카롤링거 왕조의 혈통은 끊어지고 말았어. 서프랑크의 카를은 현재의 이탈리아 땅인 중프랑크를 차지하기 위해 로트링겐을 점령하지. 동프랑크의 왕 또한 중프랑크 영토를 차지하려고 전쟁에 돌입해 두 나라는 1년 동안 전쟁을 했어."

나는 물 한 모금을 마신 후 이야기를 계속했다.

"870년 두 나라는 전쟁을 멈추고 오늘날의 네덜란드 남쪽 메르센에서 이탈리아를 제외한 나머지 중프랑크의 땅을 둘이서 나눠 갖기로 합의했어. 이때 이뤄진 것이 바로 [4]메르센 조약이야."

"세계사 시간에 배운 기억이 나요."

"동프랑크 왕국은 911년 독일의 마지막 왕인 루트비히 4세가 요절하면서 카롤링거 왕조의 혈통이 단절됐어. 귀족들은 콘라트 1세를 동프랑크 왕으로 추대했지. 콘라트는 911년부터 약 7년의 재위 기간 동안 작센과 바이에른, 슈바벤의 귀족들과 맞서 왕권 강화에 힘을 쏟았지만, 실패했어. 918년 임종 시 그는 동생 에베르하르트에게 작센 공작 하인리히 1세에게 왕위를 넘기라는 유언을 남겼어. [5]콘라트 1세가 그에게 왕위를 넘기라고 한 이유는 당시 영토를 침범하는 마자르족과 싸울 수 있는 강력하고 유일한 영주라고 생각했기 때문이야. 하인리히 1세는 919년부터 독일 왕과 황제를 배출한 오토 왕가의 시조야. 그는 재임 기간 중 [6]로트링겐을 정벌해 독일의 영토에 편입시켰어.

이후 하인리히 1세의 아들 오토 대제는 왕권을 강화하기 위해 두 차례에 걸친 전쟁을 통해 귀족들의 반란을 진압했고, 10세기 후반쯤에는 부르고뉴 왕국과 롬바르디아를 정복했지. 또한 엘베강과 오데르강 주류 사이에 거주하는 슬라브족을 복속시키기도 했어. 현재의 프랑스인 서프랑크의 경우에는 987년 카롤링거 왕조의 루이 5세가 죽고 나서 제후들의 추대를 받아 위그카페 왕조가 탄생했어.

프랑크 왕국은 무엇보다 게르만족 특유의 분할 상속 관행에 따른 폐해가 컸지. 프랑크 사회는 본래 언어와 풍속을 달리하는 여러 종족 집단으로 구성됐어. 그리고 지방 분권적 경향이 매우 강했다는 점도 사회적·정치적 혼란, 왕국의 쇠퇴를 부추기는 요인으로 작용했단다. 그래서 현재까지도 독일의 모든 주는 중앙 집권적인 형태가 아니라 지방 자치적인 성격이 강하고, 국방과 외교를 제외한 모든 것을 자치적으로 운영하고 있어."

1 **아틸라_** 훈족의 왕. 5세기 전반의 민족대이동기에 지금의 루마니아인 트란실바니아를 본거로 하여 주변의 게르만 부족과 동고트족을 굴복시켜 동쪽은 카스피해에서 서쪽은 라인강에 이르는 대제국을 건설하였다.

2 **골족_** 갈리아족 또는 골족이라고 한다. 현재의 프랑스, 벨기에, 스위스 서부 그리고 라인강 서쪽의 독일을 말한다.

3 **베르됭 조약_** 루트비히 1세의 세 아들이 카롤링거 제국을 세 왕국으로 분할하는 데 합의한 조약. 베르됭은 프랑스 북부에 있는 도시

4 **메르센 조약_** 870년 동프랑크의 루트비히 2세와 서프랑크의 카를 2세 간의 로트링겐 분할 조약

5 **콘라트 1세_** 프랑켄 공작. 911년부터 죽을 때까지 동프랑크의 왕이었다.

6 **로트링겐_** 로타르의 왕국이라는 뜻으로, 옛 로렌 지방을 말한다.

02
훈족과 게르만족의 대이동
_ 훈족의 서진은 게르만 민족의 대이동을 야기했다

흉노족은 기원전 3세기부터 기원후 4세기까지 약 600년간 중국과 각축전을 벌였다. 이들 흉노의 한 분류인 훈족 중 한 부류는 동진하고, 다른 한 분류는 375년 러시아의 볼가강을 건너 유럽으로 진출했다. 그들은 140년 동안 유럽의 대부분을 점령했고, 게르만 민족의 대이동을 유발했다.

"서양 역사를 이야기할 때 훈족과 게르만족에 관한 내용을 빠뜨리지 않는데, 그 이유는 훈족으로 인해 유럽 역사가 매우 많은 변화를 하게 됐기 때문이란다. 유럽 역사 자체가 완전히 바뀌었다고 해도 과언이 아닐 정도야.

그럼 동방이나 오리엔트라고 불렸던 아시아에 대해 이야기해보자. 기원전에는 동방이라 불리는 아시아가 유럽보다도 문명이 발달했었어. 하지만 현실적으로는 유럽이 아시아보다 발달한 문명과 문화를 갖고 있었지. 아들, 그 이유가 뭘까?"

아들은 고민을 하다가 "산업혁명이요."라고 대답했다.

"맞아. 그것이 연관이 크단다. 현대의 과학 문명은 유럽에서 출발했기 때문이지.

이제, 과거로 돌아가 볼까? 세계 4대 문명의 발상지는 유럽이 아니라 아시아란다. 그 후 동방 문명의 영향을 받은 그리스에 이어 기원전 500년경부터 로마가 득세했지. 이 기간에 여러 아시아 민족이 유럽에 진출하기는 했지만, 로마를 완전히 정복하는 데는 실패했어.

현재 유럽의 몇몇 국가는 조상이 아시아인인 종족이 국가를 형성하고 사는데, 이제는 아시아인보다 유럽인에 더 가까운 모습을 하고 있단다. 조상이 아시아에서부터 이동해온 마자르족은 바로 헝가리의 조상이란다. 또 북유럽 나라 중 핀란드는 핀족의 후손이지. 유럽 대륙에 포함된 땅은 그 나라 전체의 3%밖에 안 되지만, 유목 민족인 오스만 튀르크의 조상은 돌궐족이야.

자, 그러면 훈족이 어떤 민족인지, 유럽에 어떠한 영향을 미쳤는지 이야기해보자. 훈족과 한민족 그리고 게르만족의 대이동과도 연관시켜볼게. 게르만 민족은 어떻게 해서 유럽에서 민족 대이동을 하게 됐을까? 우리의 명절 때처럼 어느 날 갑자기 날을 잡아 이동한 것은 아니겠지? 이러한 현상을 불러온 것은 바로 중앙아시아의 유목 민족인 훈족 때문이란다.

훈족이 우리 조상인 한민족과도 연계가 있다는 주장은 얼마 전까지만 해도 근거가 없는 것으로 여겨졌는데, 최근 들어 관련 자료들을 토대로 한 학술적 증명이 이뤄졌다고 해. 훈족은 북방 기마 민족을 통칭하는 흉노의 한 분파로 구분할 수 있지. 기원전 3세기부터 기원후 4세기까지 약 600년간 중원 지역을 놓고 중국과 각축전을 벌였단다."

"이것만을 놓고 보더라도 이들이 얼마나 강성한 국가였는지 알 수 있겠네요."

"맞아. 좀 헷갈릴 수 있지만, 우선 흉노와 훈족을 간단하게 구분해

교황 레오 1세와 훈족 아틸라의 만남

보면 훈노는 중국 북방에서 처음으로 유목민 제국을 건설한 부족의 명칭이야. 훈노가 단일 민족을 의미하는 명칭은 절대 아니란다. 훈노 족은 기원전 3세기 한민족과 관련이 있는 동호, 즉 '예맥 조선'이라 불렸던 동호를 격파하는 등 아시아 초원에 있는 거의 모든 민족을 복속시켰어."

"거의 모든 민족을 복속시켰다면 그들의 영토가 아주 컸겠네요?"

"맞아. 그들의 영토가 어느 정도였는지 동서남북으로 구분해볼게. 동으로는 한반도 북부, 서로는 아랄 해, 남으로는 중국의 위수와 티베트 고원 그리고 북으로는 바이칼호와 이르티슈 강변에까지 이르렀어. 이들 중 한 부류는 서진하면서 훈족으로 성장했고, 다른 한 부류는 동진하면서 현재 한민족의 일부가 됐다고 해. 서진을 시작한 훈족은 375년 러시아의 볼가강을 건너 유럽 남동부 침략을 시작으로 이후 140년 동안 유럽의 대부분을 점령했지. 역사에 따르면 훈족은 로마 제국 말기인 375년부터 469년까지 유럽의 상당 부분을 지배하면서 유럽인에게 공포를 안겨줬단다."

"생각보다도 더 대단하네요. 훈족의 특징에 관해 자세히 이야기해 주세요."

"기마 민족인 훈족은 우월한 기동성, 말을 다루는 기술 그리고 발달한 활을 무기 삼아 유럽으로 서서히 진격해 나갔지. 그들은 특유의 활을 사용했는데, 이 활을 만드는 데만 5년, 활을 익히는 데만 10년이 걸렸다고 해. 1분 안에 15발을 쏠 수 있고, 최대 사정거리는 300m, 사살 가능 거리는 150m였단다. 당시로써는 활이 엄청난 무기였던 것이지.

또한 훈족은 말타기에 능숙해 기동성이 뛰어났고, 어려서부터 말과 함께 생활했어. 놀이 자체도 말에서 노는 것을 좋아했고, 사절

단도 말을 탄 채 맞이했다고 하니 이들의 생활 속에서 말이 갖는 의미가 얼마나 큰지 알 수 있어. 자, 그럼 이번에는 유럽에 남아 있는 훈족의 흔적을 한번 찾아보자."

아들은 "유럽이요?"하고 물었다.

"훈족이 활을 사용했다는 것은 아퀼레이아에 자리한 지하 성당 크리프타 아프레시 교회의 ¹프레스코화가 말해주고 있단다. 아퀼레이아는 기원전 181년 북부 이탈리아 포강 유역의 한쪽 구석에 세워진, 당시 야만족에 대항하기 위해 로마가 건설한 식민 도시야. 이곳은 452년 훈족에 의해 멸망하고 상권이 베네치아로 넘어가기 전까지 번성했단다."

"아퀼레이아에는 어떤 그림이 있나요?"

"아퀼레이아의 프레스코화에는 말을 탄 훈족이 추격해 오는 로마 기병을 향해 활을 쏘는 장면이 있어. 그런데 그 모습이 고구려 무용총 벽화에 나오는, 말을 탄 채 활로 동물을 사냥하는 고구려 무사와 비슷하단다. 고분 벽화에 나오는 도끼날 화살촉은 날아가면서 회전을 하기 때문에 목표물에 꽂히는 순간 충격이 매우 크지. 훈족이 사용한 화살촉이 바로 이 도끼날 화살촉이란다."

"아, 인터넷에서 본 적이 있어요. 말을 타고 뒤를 돌아보며 활을 쏘는 모습이요."

"기마 인물상을 확대해보면 주인공의 머리가 편두라는 것을 알 수 있고, 말 엉덩이에 ²동복을 싣고 있는 것이 훈족과 같아. 편두는 중국인과 구별되는 동이족 사이에 매우 오랫동안 성행했던 풍습으로, 뒤

통수가 납작한 머리를 뜻한단다. 편두의 흔적은 한반도에서도 발견됐어. 이 이야기를 들으면 아마도 훈족이 우리의 조상과 관계가 있다는 것이 좀 더 확연하게 느껴질 거야. 우리나라 경남 김해에서 편두 두개골이 발견됐는데, 이곳은 가야가 있던 지역이야. 그리고 신라의 법흥왕을 비롯해 신라의 왕들도 편두로 추정된단다. 앞에서 흉노족에 관해 말한 거 기억하니?"

아들은 고개를 끄덕였다.

"흉노족과 훈족의 차이점 중 하나는 훈족에서는 편두가 발견되지만, 흉노에서는 발견되지 않는다는 점이야. 즉, 편두는 훈족에게서만 나타나는 두개골이지. 그리고 훈족이 이동한 통로에서 크고 작은 동복이 발견된다고 해."

나는 이야기를 계속했다.

"우리나라에서도 동복은 가야 등의 원류가 북방 기마 민족이라는 증거로 자주 오르내렸어. 여기에 비슷한 것을 하나만 더 언급하자면 적석 목곽분을 들 수 있지. 적석 목곽분이 무엇인지 아니?"

"지하 또는 반지하에 관을 넣은 후, 다시 나무집을 만들고 주위를 돌로 덮은 다음 그 바깥에 봉토를 씌운 것이에요. 우리나라에서는 경주 시내에서 쉽게 볼 수 있어요."

"그렇지. 이 무덤이 훈족과 연관됐다고 할 수 있단다. 훈족을 다시 한번 정리해보면, 그들은 기마 민족이고 특별한 그들만의 활을 사용했고, 항상 말에는 동복을 싣고 다녔고, 머리가 편두라는 것이란다. 이번에는 이러한 훈족이 어떻게 게르만 민족의 대이동을 유발했는지 이야기해줄게.

　우선 유럽은 크게 세 종류의 인종으로 나눌 수 있지. 바로 게르만족, 라틴족, 슬라브족이야. 대략적인 국가별로 살펴보면, 게르만족은 영국·독일·오스트리아·덴마크·노르웨이·스웨덴의 사람들이고, 라틴족은 이탈리아·프랑스·그리스·스페인 사람들이지. 슬라브족은 러시아와 동유럽, 발칸 지역의 많은 나라들(체코·폴란드·슬로베니아·크로아티아·슬로바키아·세르비아 등)이 속해.

　혹시 훈족의 서진에 대해 들어본 적 있니?"

　아들은 머리를 긁적이면서 "아뇨."라고 대답했다.

　"훈족의 서진은 유럽에 많은 영향을 미쳤지. 4세기 초 기마 민족인 훈족은 서쪽으로 볼가강을 건너 이동했어. 이때 흑해 연안에 살던 게르만족의 일파인 동고트족과 서고트족을 압박했고, 고트족은 2~3세기 흑해에 정착했지만 서진한 훈족에게 370년에 패해 병합됐단다. 그 후 동고트족은 493년에 이탈리아에 동고트 왕국을 세웠고, 555년에 동로마 제국에 의해 멸망했어. 이렇게 동고트족이 훈족에게 밀리자 자연스럽게 동고트족은 서고트족의 영토로 들어가게 됐지. 서고트족이 이들을 반길 리 없었기 때문에 또다시 전쟁이 일어났단다. 서고트족은 동고트족에게 밀려 로마 제국의 국경을 넘어오면서 부족 전체가 ³발칸 지역으로 이동하는데, 이것 게르만족 대이동의 시작이야."

　"게르만족이라고 하면 현재 유럽의 오스트리아, 독일, 스위스 이러한 나라들인가요?"

　"그렇단다. 원래 고트족은 ⁴스칸디나비아 반도에 거주했어. 동고트족은 3세기 후반에 로마, 소아시아를 약탈하기도 했지. 고트족은 훈족의 이동으로 인해 로마로 넘어오며 전투를 벌였어. 이때 로마 황제가 전사했고, 새로운 황제가 된 테오도시우스는 서고트족과 평화 조약을 맺지. 그러고는 서고트족을 용병으로 고용해 로마에 정착할 수 있도록 했단다. 서고트족을 용병으로 고용함으로써 로마의 많은 군인이 게르만인으로 채워지기 시작하지."

"로마의 군인이 게르만인으로 채워진다는 것이 무엇을 뜻하죠?"

"바로 서로마 제국의 몰락을 의미해. 물론 다른 내·외적인 이유가 있지만 말이야. 이후 게르만 민족의 대이동이 본격화된단다. 이로써 약 200년 동안 곳곳에 게르만 왕국이 세워지는데, 대표적인 왕국에 관해 이야기할게. 잘 들어보렴.

대표적인 게르만 왕국으로는 에스파냐의 서고트 왕국, 북아프리카의 반달 왕국, 갈리아의 부르군트 왕국, 프랑크 왕국을 들 수 있어. 훈족은 5세기 초에 헝가리까지 지배하면서 아틸라왕 때 최고의 전성기를 누렸지. 당시 동로마·서로마 제국을 공포에 몰아넣기까지 했단다."

나는 책상에 놓여 있는 물을 마신 후 이야기를 계속했다.

"421년에는 서로마 제국의 황제 테오도시우스 2세가 평화를 대가로 훈족에게 조공을 바칠 것을 인정했어. 그리고 430년 비잔틴 제국이 금 113kg을 조공으로 바쳤지. 하지만 모든 전쟁에서 훈족이 승리한 것은 아니었어. 451년 로마의 아에티우스 장군은 아틸라왕이 이끄는 훈족을 대파했지만, 이것은 서로마가 망하기 전에 거둔 마지막 대승이란다."

"훈족은 로마 제국까지 흔들 정도로 아주 강대한 제국이었군요."

"맞아. 이후 455년경에 로마는 게르만족의 일파인 반달족의 침략으로 극도로 약해졌어. '반달리즘vandalism'이라는 영어 단어가 이들에게서 나온 말인데 난폭한, 잔인한, 폭력적인 의미를 지니고 있지. 이들이 얼마나 사나웠는지를 알 수 있는 대목이란다. 결국, 서로마 제국은 476년 게르만 민족 출신의 용병대장 오도아케르에 의해 멸망하지. 물론 동로마 제국은 그 후 천 년 더 번영했어. 그렇지만 유럽의 판도는 달라지고 있었지. 로마 제국이 있던 자리에 게르만 민족이 지배하는 많은 군소 왕국이 들어섰어. 결국 서로마가 멸망하면서 유럽은 라틴 문화와 게르만 문화가 융합되기 시작했단다. 아들, 다르게 이야기하면 새로운 시대가 온다는 것을 의미해.

오늘날의 영국은 덴마크와 독일에서 쳐들어온 주트족, 앵글족, 색슨족, 프랑스는 독일에서 온 부르고뉴족과 프랑크족이 차지했어. 에스파냐는 반달족에 지배당하다가 후에 서고트족이 차지했지. 그리고 동고트족은 남동부 유럽과 이탈리아를 차지했단다. 그러나 군소 왕국 중 착실하게 발전한 것은 프랑크 왕국뿐이었어. 프랑크 왕국은 나중에 오늘날의 유럽 지도와 거의 비슷한 형태로 발전했단다. 독일, 이탈리아, 프랑스의 지도를 그리게 되는 왕국이지.

이제 정리해보자. 우리 역사 관점에서 보면 훈족은 우리 조상과도 관계가 있어. 그리고 훈족의 서진으로 인해 유럽 대륙에 게르만족이 대이동하는 계기를 줬고, 결국 서로마 제국의 몰락을 가져오게 되며, 현재의 유럽 지도와 비슷한 모습을 갖춰.

오늘 이야기를 통해 훈족과 게르만족의 이동이 어떻게 관계하고 있는 것인지 이해하고 기억했으면 해."

1 **프레스코화_** 벽에 회반죽을 바르고 그것이 마르기 전 물에 안료를 개어 그림을 그리는 기법
2 **동복_** 제사를 지낼 때 제물로 바치는 신선한 고기를 담는 동으로 된 용기
3 **발칸_** 유럽의 남동부에 있는 반도
4 **스칸디나비아 반도_** 유럽의 북서쪽 끝에 위치해 발트해를 낀 반도

03 신성 로마 제국의 탄생
_ 기독교의 일체성과 황권의 정체성

신성 로마 제국은 로마 제국 멸망 이후 그 뒤를 이은 국가로, 로마 제국의 관념을 이어받았다. 신성 로마 제국이라는 이름은 1254년 이후부터 사용됐다. 신성은 '기독교와의 일체성', 제국은 '황제의 국가'를 의미한다.

"아빠, 신성 로마 제국이 뭐예요? 로마 제국에 관해서는 이제 알겠는데, 신성 로마 제국은 정확히 뭔지 모르겠어요."

"그렇지. 신성 로마 제국이라는 말이 좀 낯설 거야. 신성 로마 제국은 멸망한 로마 제국의 관념을 그대로 이어받은 국가야. 서로마 제국이 멸망한 후 현실적으로나 정치적으로 모든 것이 사라졌음에도 불구하고 영원한 로마 제국이라는 관념이 존재했기 때문이지. 이것은 유럽에서 로마가 갖는 의미가 무척 크다는 것을 의미한단다. 신성 로마 제국과 관련해서 가장 중요한 단어는 게르만과 프랑크란다."

아들은 고개를 끄덕였다.

"일단 신성 로마 제국을 이야기하기 전에 샤를마뉴에 관해 알아보자. 오늘날 서유럽의 토대를 만든 카롤링거 왕조의 황제인 프랑크 왕 샤를마뉴는 카롤링거 왕조의 두 번째 왕이야. 768년 그의 아버지 피핀이 죽은 후, 역사 속에 등장해. 피핀이 죽자, 프랑크 왕국의 오랜 관습을 따라 그의 재산은 두 아들에게 분할됐어. 하지만 이 과정에서 형제는 대립하게 됐고, 결국 전쟁을 일으켰지. 전쟁의 결과는 샤를마뉴의 승리였어. 샤를마뉴는 정복 전쟁을 시작하면서 이탈리아 북부 롬바르디아를 공격했단다. 774년 샤를마뉴는 이탈리아의 많은 부분을 교황령으로 이양하겠다는 생각을 갖고 로마로 갔지. 하지만 실제로 교황령으로 넘어간 땅은 미미했어. 그리고 롬바르디아의 통치권은 샤를마뉴 본인이 차지했지. 현재 이탈리아 밀라노가 있는 롬바르디아의 왕이 됐어. 당시 로마 교황청은 동로마 제국과 사이가 좋지 않았고, 권력 기반이 약했지. 법적으로 교황은 여전히 비잔틴 제국의 신하였어."

"당시 정치·사회적 상황은 어땠나요?"

"그 당시 로마는 동로마 황제의 성상 파괴 정책에 반대하고 있었고, 비잔틴 제국이 로마와 라벤나를 포기하고 이탈리아 남부와 시칠리아섬에 대해서만 지배권을 주장하고 있었지. 샤를마뉴의 보호를 받고 있던 교황 하드리아누스는 이탈리아 중부에 자치령을 세우려고 애쓰고 있었단다.

샤를마뉴는 교회의 권위를 수복하기 위해 800년에 겨울 로마로 출발했어. 800년은 신성 로마 제국이라는 말이 쓰이게 되는 역사적인 일이 일어난 해란다. 당시 로마 교황은 레오 3세였어. 레오 3세는 프랑크 왕 샤를마뉴를 교회의 보호자로 삼고, 그를 어떻게 해서든 자기편으로 끌어들이고 싶어 했지. 당시의 상황을 보면 샤를마뉴는 무력만으로 나라를 다스리는 데 한계를 느꼈고, 그래서 교회와 로마 제국의 권위를 얻고자 했단다. 이러한 교황청과 프랑크 왕국의 이해 관계와 교황의 세속적 권력에 대한 욕망 등이 신성 로마 제국 수립 의 한 요소가 됐지. 또한 샤를마뉴가 옛날 로마 제국의 서쪽을 지배 하고 있다는 사실이 그의 황제 지위에 대한 합법성을 준 거란다.

800년 12월 25일 성 베드로 대성당에서 샤를마뉴는 교황 앞에 무 릎을 꿇고 신하로서의 예를 갖췄어. 교황 레오 3세가 샤를마뉴의 머 리에 황제의 관을 씌어준 이후부터 신성 로마 제국의 황제 대관식에 서는 교황이 황제에게 관을 씌어주는 전통이 생겼다고 해."

"황제가 되려면 교황의 인정을 받아야 한다는 것을 의미하는 것이 로군요."

"맞아. 교황권이 왕권보다 우위에 있음을 나타내는 것이기도 하 지. 이렇게 황제의 관을 쓰기는 했지만, 동로마 제국의 인정을 받은 것은 812년 미카일 1세가 샤를마뉴를 황제로 승인하면서부터였어. 로마의 지배가 비로소 합법화됐지."

"신성 로마 제국이라는 이름은 어떻게 변하게 된 거죠?"

"엄밀히 말하면 신성 로마 제국이라는 이름은 1254년 이후부터 사용됐단다. 우선 신성 로마 제국이 무엇을 뜻하는 말인지 알면 더 좋겠지? '신성'이라는 말은 종교와 관련이 있는데, 기독교와의 일체 성을 의미하고, '제국'이라는 말은 황제의 국가라는 것을 의미하지.

1034년부터 콘라트 2세가 통치하는 영토를 가리켜 '로마 제국'이 라는 이름으로 불렸어. 그리고 1157년부터는 '신성 제국'이라는 이 름이 쓰였지. '로마 황제'라는 이름은 오토 2세 때부터 사용했는데,

'신성 로마 제국'이라는 이름보다 유서가 깊어. 하지만 샤를마뉴 대제에서 오토 1세 때까지는 '황제이며 존엄한 자'라는 표현을 특정 영토와 연결하지 않고 사용했어. 다시 말하면, 신성 로마 제국은 고대 로마 제국의 계승 측면을 부각하기 위해 사용됐지. 800년에 샤를마뉴가 황제의 관을 쓰고 난 후부터 신성 로마 제국은 교황청과 함께 서유럽에서 가장 지위가 높고 중요한 곳이 됐단다."

04
합스부르크 왕가
_ 혼인이 정책이 되다

연합 국가였던 신성 로마 제국 시대와 오스트리아 제국 시대, 오스트리아-헝가리 제국 시대를 아울러 '합스부르크 제국'이라 부르고, 이들 가문을 '합스부르크 왕가'라고 한다.

거실에서 지도를 보고 있던 아들이 "이 나라는 바이올린 같기도 하고 닭의 다리 같기도 하네요."라고 말했다.

"그래, 맞아. 오스트리아 사람들은 자기 나라의 모양이 음악의 나라답게 바이올린 모양을 하고 있다고 이야기한단다."

나는 지도에서 오스트리아의 수도 빈을 가리키며 이야기를 이어 나갔다.

"아들, 여기는 오스트리아 빈이야. 합스부르크 가문의 본궁과 함께 역사의 흔적이 남아 있는 곳이란다. 동유럽을 여행하다 보면 합스부르크 가문에 관한 이야기가 유독 많다는 걸 알 수 있어. 특히, 빈은 동유럽에서 합스부르크의 흔적을 가장 많이 볼 수 있는 곳이지. 오늘은 합스부르크 가문에 관해 이야기해줄게. 먼저 합스부르크가를 이해하려면 앞에서 이야기한 신성 로마 제국에 대해 좀 더 알아야 한단다.

카를로스 대제 이후 독일 국왕 오토 1세가 962년에 교황 요한 12세로부터 로마 제국의 황제로 대관하면서 신성이라는 말을 사용하며 신성 로마 제국이 성립됐어. 이로써 독일의 왕이 신성 로마 제국의 황제를 겸하게 됐단다. 호엔슈타우펜 왕조 프리드리히 2세가 죽으면서 60년이 넘는 [1]대공위 시대를 맞이하지. 대공위 시대는 황제의 권력을 약화하는 결과를 가져왔단다. 나중에는 강력한 대귀족들이 황제 선출을 좌지우지하는 상황으로 이어지는데, 7명의 선제후가 황제를 선출한다는 [2]금인칙서가 바로 그 내용이란다. 이러한 과정에서 약체였

쇤브룬 궁전

호프부르크 내부

던 합스부르크 가문에서도 황제를 배출하게 됐지.

　이 가문이 왕가가 된 것은 독일 제후가 위협적인 국왕의 출현을 막기 위해 제후의 힘이 약했던 합스부르크 가문 출신을 왕으로 추대했기 때문이란다."

　"'합스부르크'라는 이름은 어디서 유래한 거죠?"

　"11세기 초 합스부르크 성 또는 매의 성이라 불리는 하비히츠부르크 성에서 유래했단다. 합스부르크는 스위스를 기반으로 하는 백작 가문이었지. 1232년 합스부르크 가문의 루돌프 2세가 죽으면서 그의 아들 알브레히트 4세와 루돌프 3세에게 상속 재산을 나눴어. 알브레히트 4세의 아들인 루돌프 4세는 1273년에 독일의 왕으로 선출돼 루돌프 1세가 됐지."

　"합스부르크 왕가와 오스트리아와의 관계는 어땠나요?"

　"합스부르크 왕가와 오스트리아는 1282년 두 아들 알브레히트와 루돌프에게 오스트리아와 슈타이어마르크를 물려주면서 시작됐다고 볼 수 있단다. 오스트리아계의 프리드리히 5세는 1440년에 독일 왕으로 선출됐고, 1452년에 신성 로마 황제가 됐지. 프리드리히의 아들 막시밀리안은 1477년에 부르고뉴의 공작 샤를의 상속녀인 마리와 결혼했어. 오스트리아 인스부르크 구시가에 가면 황금 지붕에 막시밀리안 황제와 마리 그리고 마리가 죽은 후 밀라노 스포르체스코 가문에서 온 비앙카의 모습이 그려져 있는 것을 볼 수 있단다."

　나는 잠시 숨을 고른 후 이야기를 이어 나갔다.

　"막시밀리안은 1496년에 아들 필리프를 카스티아와 아라곤의 상속

녀가 될 후아나와 결혼시켰어. 이러한 혼인 정책으로 합스부르크 가문은 스페인과 그 영토인 나폴리, 시칠리아, 사르디니아를 확보했을 뿐만 아니라 스페인이 아메리카 대륙에서 정복한 막대한 영토까지 확보했지.

카를 5세가 친가를 통해 신성 로마 제국의 황제 자리, 외가를 통해 에스파냐의 왕위를 물려받음으로써 거대한 제국이 완성됐단다. 카를 5세는 대제국 중 부르고뉴, 스페인, 이탈리아를 아들 펠리페 2세에게 양도했고, 신성 로마 제국의 황제 자리는 동생 페르디난트에게 넘겨줬어."

"합스부르크 왕가가 신성 로마 계열과 스페인 왕가 계열로 완전히 양분됐군요. 그가 이렇게 대제국을 양분한 것은 분열을 막기 위한 또 하나의 방편이었을 거란 생각이 들어요."

"스페인 합스부르크 가문은 1700년 카를로스 2세가 사망하면서 단절된 후 에스파냐 왕위 전쟁을 통해 프랑스 부르봉 왕조의 펠리페 5세가 즉위했지. 합스부르크 가문의 '너희는 전쟁하라. 우리는 혼인을 통해 세상을 지배할 것이다.'라는 말이 유명해."

"일종의 혼인 정책으로 세력을 넓혀 나간 것이로군요."

"그들의 혼인 정책이 실패한 것은 프랑스의 부르봉 왕가뿐이라고 해. 마리아 테레지아의 막내딸 마리 앙투아네트를 부르봉 왕가로 시집보냈지만, 아들을 얻지 못했어. 이후 합스부르크 왕가는 [3]오스트리아 왕위 계승 전쟁으로 만신창이가 됐어. 그리고 프랑스 혁명과 나폴레옹 전쟁의 결과로 1806년 신성 로마 제국은 정식으로 해체됐지. 합스부르크 왕가는 1797년에 네덜란드 남부를 최종적으로 포기했고, 나폴레옹이 몰락하자 빈 회의(1814~1815)는 왕정 복고를 시작했단다. 이에 따라 합스부르크 왕가는 현재 이탈리아 북부의 롬바르디아와 베네치아 그리고 크로아티아 달마티아, 오스트리아의 티롤을 되찾았지. 이후 역사적으로 매우 큰 사건이 일어나는데, 이 사건이 뭔지 아니?"

"제1차 세계대전이죠?"

"맞아. 1914년 오스트리아-헝가리의 추정 상속인 프란츠 페르디난트 대공은 보스니아의 수도 사라예보를 방문했다가 세르비아의 한 민족주의자가 쏜 총에 맞아 사망하는 사건이 발생해. 당시 발칸 지방은 슬라브 민족주의가 일어나는 때였는데, 그로부터 한 달 후 제1차 세계대전이 일어나지. 그리고 발칸에 대해서는 기회가 있을 때 다시 살펴보기로 하자. 결과적으로 제1차 세계대전은 합스부르크 제국을 해체하는 결과를 낳았단다. 발칸에 대해서는 기회가 있을 때 다시 살펴보기로 하자."

1 **대공위 시대_** 독일 역사상 신성 로마 황제의 추대가 제대로 이뤄지지 않은 1254~1273년의 기간

2 **금인칙서_** 신성 로마 제국의 황제인 카를 4세가 뉘른베르크 및 메츠의 제국 회의에서 발포한 제국법

3 **오스트리아 왕위 계승 전쟁_** 유럽의 강대국이 얽힌 전쟁. 살리카법에 따라 여자의 왕위 계승을 금지하여 오스트리아의 마리아 테레지아가 합스부르크 왕위를 계승하는 것은 부당하다는 구실로 각국이 개입한 전쟁

05
프로이센과 오스트리아 전쟁
_ 독일 제국의 시초가 되다

프로이센과 오스트리아의 전쟁은 독일을 통일시키려는 움직임이었다. 그 구심점이 어디냐에 따라 프로이센이 주장하는 소독일주의와 오스트리아를 중심으로 하는 대독일주의가 바로 그것이다.

"독일과 오스트리아는 어떻게 만들어졌을까? 오늘은 이 두 나라가 어떻게 생겨났는지 이야기해보자. 독일과 오스트리아에 대해 이야기할 때 빼놓을 수 없는 사람이 있는데, 누군지 아니?"

"[1]비스마르크 재상이요."

"맞아. 현재 독일은 16개 주로 구성된 연방 국가지만, 역사적으로 보면 각각의 모든 주를 하나의 국가라고 생각해도 무방하단다. 지금도 유럽의 많은 나라가 그렇지만, 각 주는 외교나 국방을 제외하고 거의 모든 면에서 독립성을 갖고 있지."

"음, 각 지역마다 특색이 있다는 뜻이군요."

"[2]30년 전쟁 이후 독일의 모습에서는 어떤 통일성, 역동성도 찾아볼 수 없었지. 단지 유럽에 붙어 있는 지리적 명칭에 불과했단다. 하지만 독일의 동북부와 중북부에서는 독일의 운명과 깊이 연관될 정치 체제가 발전하고 있었어. 이것이 곧 십자군 시대의 3대 기사단 중

튜턴 기사단이라고 불리는 독일 기사단에 기원을 둔 '프로이센'이란다. 프로이센은 프러시아라고도 불리지."

"프로이센에 관해서 이야기해주세요."

"프로이센은 발트해에 가까운 지방이었어. 13세기에 독일 기사단에 의해 정복돼 그 영지가 됐지만, 16세기에 폴란드와 싸워 패하자 서프로이센은 폴란드가 영유하고, 동프로이센은 폴란드의 종주권 아래 프로이센 공국이 됐어."

"프로이센이 국가 형태를 갖추게 된 것은 언제에요?"

"1618년 종교 전쟁이 시작되는 해 프로이센 공국과 브란덴부르크 후국의 연합 형태로 통치하게 되면서부터야. 그 후 1701년 선제후 프리드리히 3세가 황제로부터 왕위를 얻어 프로이센 왕국이 성립됐지. 하지만 왕국의 중심은 베를린을 본거지로 하는 브란덴부르크 후국에 있었어.

프로이센과 오스트리아의 전쟁을 알기 위해서는 오스트리아 제국 그리고 합스부르크 제국의 개념을 이해하는 것이 좋아. 앞서 신성 로마 제국과 합스부르크 왕가에 관해 이야기했으니까 좀 더 쉽게 이해할 수 있을 거야. 오스트리아 제국은 신성 로마 제국이 해체된 1804년부터 1867년 오스트리아-헝가리가 성립될 때까지 합스부르크 왕가가 지배한 국가란다.

이제부터 프로이센과 오스트리아의 전쟁에 관한 이야기를 본격적으로 시작해볼까?

이 두 나라의 전쟁은 독일을 통일시키려는 움직임 때문에 일어났

비스마르크 동상

어. 여기에는 그 구심점이 어디냐에 따라 프로이센을 중심으로 하는 소독일주의와 오스트리아를 중심으로 하는 대독일주의로 나뉜단다. 프로이센과 오스트리아 전쟁은 소독일주의로 통일을 추구하던 프로이센과 대독일주의를 지향한 오스트리아의 합스부르크 왕조가 독일 연방 내의 주도권을 둘러싸고 벌인 전쟁이야. 결과부터 살펴보면, 최종적인 승리는 프로이센이 차지했고, 그래서 독일은 프로이센 중심의 소독일주의로 통일하게 됐어.

비스마르크는 오스트리아와 전쟁을 하지 않으면 어떠한 결과도 나올 수 없다고 생각했단다. 그래서 그는 전쟁을 치르기 위해 하나하나 철저히 준비했고, 전쟁이 일어났을 때 다른 나라의 방해를 받지 않기 위해 오스트리아를 외교적으로 고립시키는 전략을 펼쳤어. 그리고 이를 위해 폴란드 봉기, 덴마크와의 국경 분쟁, 이탈리아의 베네치아에 대한 욕심을 이용해 다른 나라가 전쟁 시 암묵적인 동의를 하도록 유도했단다."

"전쟁할 준비를 철저히 했군요."

"준비가 끝났다고 생각한 비스마르크는 오스트리아를 공격할 계획을 세웠어. 이미 프로이센은 관세 동맹을 통해 경제적으로 독일 남부의 연방들을 오스트리아 영향권에서 제외했지. 하지만 걸리는 나라가 하나 있었단다."

"그게 어느 나라죠?"

"바로 유럽의 강대국 중 하나인 프랑스란다. 비스마르크는 오스트리아와 전쟁을 하려면 프랑스가 중립을 지켜야 할 필요가 있다고 생각했지. 이에 따라 비아리츠 회담에서 친프랑스적 발언과 함께 나폴레옹 3세에게 룩셈부르크와 벨기에 영토를 양도할 것을 약속했어. 그리고 프로이센과 오스트리아의 전쟁 시 프랑스가 중립을 선언해줄 것을 유도했어.

그리고 비스마르크는 좀 더 확실한 승리를 위해서는 오스트리아 군을 분산시킬 필요가 있다고 생각해 이탈리아를 끌어들이기로 했단다. 당시 이탈리아는 베네치아를 확보하지 못해 오스트리아에 대한 감정이 좋지 않았어. 프로이센과 이탈리아의 지지부진하던 협상은 나폴레옹 3세의 중재로 마무리됐지. 3개월 안에 프로이센이 전쟁을 일으키면 이탈리아는 즉각 양면전을 벌이기로 했는데, 그 대신 조건이 하나 있었어. 전쟁에서 승리하면 베네치아를 이탈리아가 차지하기로 했지. 베네치아는 나폴레옹이 유럽의 응접실이라고 표현할 만큼 아름다운 바다를 끼고 있는 도시야. 이렇게 프로이센과 이탈리아의 군사 동맹이 이뤄졌어.

전쟁은 이로부터 3개월 후에 시작됐단다. 6월 17일 오스트리아 선전 포고, 6월 18일 프로이센 선전 포고, 6월 20일 이탈리아의 오스트리아에 대한 선전 포고 순으로 진행됐지."

"생각해보면 프로이센의 전략이 대단했던 것 같아요."

"맞아. 당시 외교적으로 고립돼 있던 오스트리아는 단독으로 전쟁을 수행할 수밖에 없었기 때문에 그 결과는 불 보듯 뻔했지. 프로이센과 오스트리아의 전쟁을 종식하기 위해 프라하 조약을 체결했어. 이 조약에는 두 나라 간의 전쟁을 종결하며 이 조약에 따라 독일 연방을 해체하고 오스트리아는 독일 문제에 개입하지 않는다는 내용이 들어 있었단다."

"바야흐로 프로이센이 주장하는 소독일주의 통일이 실현된 것이로군요."

1 **비스마르크 재상**_ 1815~1898년, 독일을 통일한 정치가이자 독일 제국의 첫 수상
2 **30년 전쟁**_ 1618부터 1638까지 독일을 무대로 벌어진 구교와 신교의 종교 전쟁. 세계 최초의 국제 전쟁

06
한자 동맹
_ 정치·경제적 연합체

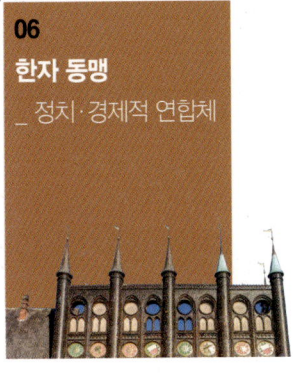

한자 동맹은 12~13세기에 시작된 상인 단체로, 14세기 중반에 이르러 '독일 한자'라는 도시 간의 동맹 단체로 성장한다.

"아들, 아빠는 내일 노르웨이 베르겐으로 떠난단다. 이곳은 노르웨이의 제2도시이기도 하지만, 한자 동맹의 도시이기도 해. 그래서 오늘은 한자 동맹에 관해 이야기해줄까 해."

"한자 동맹에서 한자Hansa는 무슨 의미죠? 이것을 알면 한자 동맹을 좀 더 쉽게 이해할 수 있을 것 같아요."

"한자라는 말은 게르만족의 일파인 고트어에서 유래한 중세 독일어로, 친구나 무리를 뜻하는 길드나 조합을 의미한단다."

"그 말을 들으니 한자 동맹이 무엇인지 조금은 추측이 되네요."

"유럽의 몇몇 나라에서도 한자 동맹의 흔적을 볼 수 있지만, 노르웨이 베르겐에는 한자 동맹 도시의 흔적이 확연히 남아 있어. 이번 기회에 14세기로 돌아가 한자 도시에 관해 생각해보는 건 어떨까?

한자 동맹이라는 단체가 나타나기 시작한 것은 12~13세기이고, 그 성격은 상인 단체라고 할 수 있단다. 이 단체는 14세기 중반에 이르러 '한자 동맹', '독일 한자'라는 도시 간의 동맹 단체로 성장하지. 14세기부터 15세기가 최고의 전성기라 할 수 있어."

"한자 동맹은 어디에서 시작됐어요?"

"초기 북독일의 해안 도시에서 시작됐어. 이 한자 동맹 상권은 러시아, 영국까지 진출해 중세 상업 역사상 커다란 역할을 했어. 독일 한자는 상거래가 커지면서 그들 상호 간의 정치·군사적 조약을 맺게 되지. 예를 들어 13세기 한자 동맹의 도시인 뤼베크와 함부르크의 조약이 그러하단다.

한자 동맹 도시, 뤼베크 풍경

PART 4 유럽 세계 변화의 주역, 게르만족 | 155

좀 전에도 말했듯이 한자라는 용어는 13세기에 등장했지만, 실제로 한자 동맹이 성립된 것은 14세기 초반이란다. 현재의 벨기에인 플랑드르에서 압박을 받던 독일 상인이 이에 대항하기 위해 본국 도시에 지원을 요구한 것이 직접적인 계기였지. 한자 동맹은 14세기 중반에 확대·발전해갔어. 라인강부터 북해, 발트해에 면한 많은 도시가 '독일 한자'라는 도시 동맹을 결성했단다.

한마디로 이야기하면 한자 동맹은 정치적·경제적 연합체였어. 그래서 그러한 특권을 갖는 도시는 사정에 의해 증가하거나 감소했는

노르웨이 베르겐 역사 지구에 있는 한자 동맹 시절의 목조 건물

데, 전성기에는 100개 정도의 도시가 가입했다고 해.

한자 동맹의 4대 주요 도시는 뤼베크를 맹주로 한 브레멘, 함부르크, 쾰른이야. 뤼베크를 중심으로 다수결로 정책을 결정했지. 이들이 취급한 품목은 지중해 무역 상인과 달리 목재, 모직물, 생선, 꿀, 곡물 등 생활용품이었어.

하지만 한자 동맹은 독일 자국 내에서는 프로이센 같은 왕국으로부터 압박을 받았고, 한편으로는 신항로 개척으로 영국, 네덜란드 신흥국에 밀려 점차 쇠퇴했지. 1597년 런던 상관이 폐쇄되고 1669년에 한자 회의가 마지막으로 열렸단다."

07
백년전쟁과 크레시 전투
_도버 해협의 시작과 끝의 도시, 칼레

백년전쟁은 프랑스 왕가가 플랑드르 지방을 독점하려 들면서 영국과의 대립을 가져와 일어난 전쟁이다. 대표적인 전투로는 1346년의 크레시 전투를 들 수 있다.

"아들, 도버 해협이 끝나는 지점에서 가까운 곳에 '칼레'라는 도시가 있어. 런던에서 파리로, 파리에서 런던으로 이동하려면 배나 열차를 이용해야 하는데, 그때 꼭 지나게 되는 곳이지. 그런데 칼레 시라고 하면 많은 사람이 영국과 프랑스의 [1]백년전쟁 당시 있었던 크레시 전투를 떠올려. 오늘은 백년전쟁과 크레시 전투에 관해 이야기해줄게.

백년전쟁은 플랑드르 지방의 쟁탈과 프랑스 왕위 계승 문제가 원인이 돼 일어났어. 플랑드르는 바이킹의 후손인 노르만족이 정복한 후 영국령으로 편입돼 일찍이 모직물 산업이 발달했지. 그런데 프랑스 왕가가 플랑드르 지방을 독점하려 들면서 영국과의 대립을 가져왔고 마침내 전쟁이 일어났는데, 이 전쟁이 바로 백년전쟁이야. 1338년에 시작된 백년전쟁의 전반기에는 영국군이 우세했어. 대표적인 전투로는 아까 말한 1346년의 크레시 전투를 들 수 있단다. 영국군은 프랑스 기사군을 이기고 프랑스 북서부 대부분을 점령했지.

우선 이 전쟁에 임한 양쪽의 군대 모습을 살펴보면 왜 프랑스 기사군이 패배했는지 쉽게 이해할 수 있단다.

당시 프랑스 기사군은 영국군의 성능 좋은 활과 소총에 맞서기 위해 두꺼운 갑옷과 투구로 무장했어. 그런데 기사의 전투 복장 무게가 60kg 이상 되는 탓에 혼자서는 말에도 오르지 못하고 한 번 넘어지면 일어나지도 못했지.

반면, 영국군은 자영 농민 중심의 보병으로, 긴 활로 무장했고, 움직임이 자유로웠단다. 이러한 조건 아래 치른 전쟁이다 보니 영국과 프랑스의 사상자를 보면 프랑스 기사단은 약 3,000명이 넘었고, 영국군은 전사자가 3명 정도밖에 되지 않았어."

"참으로 우스꽝스러운 전쟁이로군요."

"이 전투의 교훈은 중세 유럽을 상징하는 기사군이 전혀 쓸모없었다는 것이란다. 이를 통해 당시 사회상을 단편적으로나마 볼 수 있지.

프랑스 칼레 시에서 벌어진 크레시 전투는 1346년에 시작됐단다. 칼레 시는 도버 해협과 맞닿는 곳에 있어 영국과는 제일 가까운 도시였기 때문에 영국군의 공격을 쉽게 받을 수밖에 없었지. 영국군에 포위당한 칼레 시는 1년 가까이 버티다가 1347년에 굴복했어. 칼레 시를 정복한 영국군은 마을을 모두 파괴하려고 했지. 그때 다섯 명의 시민이 목에 밧줄을 감은 후 항복의 표시로 성문 열쇠를 갖고 에드워드 3세에게 자신들을 볼모로 잡고 마을을 파괴하지 말아 달라고 부탁했어. 그들의 행동은 영국군을 감동하게 했고 마을은 파괴를 면할 수 있었지."

오귀스트 로댕 '칼레의 시민'

"독일 로텐부르크에서 30년 종교 전쟁 때 일어난 상황과 비슷한 것 같아요. 구교의 틸리 장군이 로텐부르크를 점령했을 때 마을을 불태우고 2시참사들을 전부 참수한다고 하자, 누쉬 시장은 3ℓ 정도의 와인을 단숨에 마시는 내기를 해서 도시와 시참사의 목숨을 구했다는 이야기를 책에서 본 적이 있어요."

"1886년 칼레 시는 그곳을 구한 시민을 기리기 위해 26세의 오귀스트 로댕에게 '칼레의 시민'이라는 조각상을 의뢰했어. 로댕은 이들의 영웅적인 모습보다는 처형에 대한 공포를 잘 조화시킨 인간적인 모습으로 조각상을 완성했지.

영국은 칼레 시를 프랑스 침략의 거점으로 삼아 오랫동안 머물던 중 1348년에 유럽에는 흑사병이 돌기도 했어. 그리고 다시 10년이

잔 다르크 조각상

지난 후 프랑스에서는 농민 반란, 자크리의 난이 일어났고, 영국에서는 와트 타일러의 난이 일어났지. 이어 1429년 오를레앙을 해방했던 프랑스의 구국 영웅 잔 다르크가 출현했고, 영국군은 패퇴하기 시작한단다."

1 **백년전쟁_** 1337년에서 1453년 사이에 잉글랜드 왕국의 플랜태저넷 가와 프랑스 왕국의 발루아 가 사이에 프랑스 왕위 계승 문제를 놓고 일어난 일련의 분쟁
2 **시참사_** 시를 다스리는 사람

TIP

신성 로마 제국

중세에서 근대 초까지 이어진 기독교 성향이 강한 유럽 국가들의 정치적 연방체로, '신성 로마 제국'이라는 이름은 1254년 이후부터 쓰였다.

중세의 신성 로마 제국은 교황청과 함께 서유럽에서 가장 지위가 높고 중요한 곳이었다. 오토 1세가 마자르족을 격퇴한 후 교황으로부터 황제의 관을 수여받아 신성 로마 제국 건국을 선포했다. 신성 로마 제국은 초기에 강력한 중앙 집권 국가였지만, 점차 이탈리아에 대한 간섭으로 독일 지역에 소홀히 하면서 여러 제후들에 의해 분할 상태가 됐다. 30년 전쟁(1618~48년)에 패배한 후 베스트팔렌 조약(1648년)으로 많은 영토를 잃었다. 나중에는 프랑스의 공격을 받아 제국을 유지하기 어려워진 프란츠 2세가 결국 제국 해체를 선언했다. 그 후 프란츠 2세가 오스트리아 제국을 세워 신성 로마 제국의 마지막 왕가였던 합스부르크 왕가는 1918년까지 지속됐다. 18세기에는 지금의 독일, 체코, 오스트리아, 리히텐슈타인, 슬로베니아, 벨기에, 룩셈부르크를 포함해 네덜란드의 대부분과 폴란드의 일부에 해당하는 영토를 유지했다.

프레스코 벽화

프레스코 벽화는 회반죽이 마르기 전에 물로 녹인 안료로 그리는 기법으로 그려진 벽화를 말한다. 회반죽으로 미리 벽에 초벌 작업을 한 후, 그 위에 소묘를 그린다. 채색할 때는 완성 가능한 부분에만 회반죽을 칠하고 내알칼리성 토성 안료를 물에 개어 그림을 그린다. 정해진 시간에 그림을 그리지 못하면 그 부분의 회반죽을 긁어내고 다시 그려야 한다.

프레스코화

프레스코 벽화의 대표적인 예로는 기원전 약 3000년경 미노아 문명의 중심지인 크레타 섬의 크노소스 벽화, 기원전 5세기 이래 중국, 한국, 일본에서 그려진 불교 벽화, 우리나라 삼한 시대의 고분 벽화, 이딜리아 아퀼레이아에 있는 크리프타 아프레시아 교회의 벽화 등을 들 수 있다.

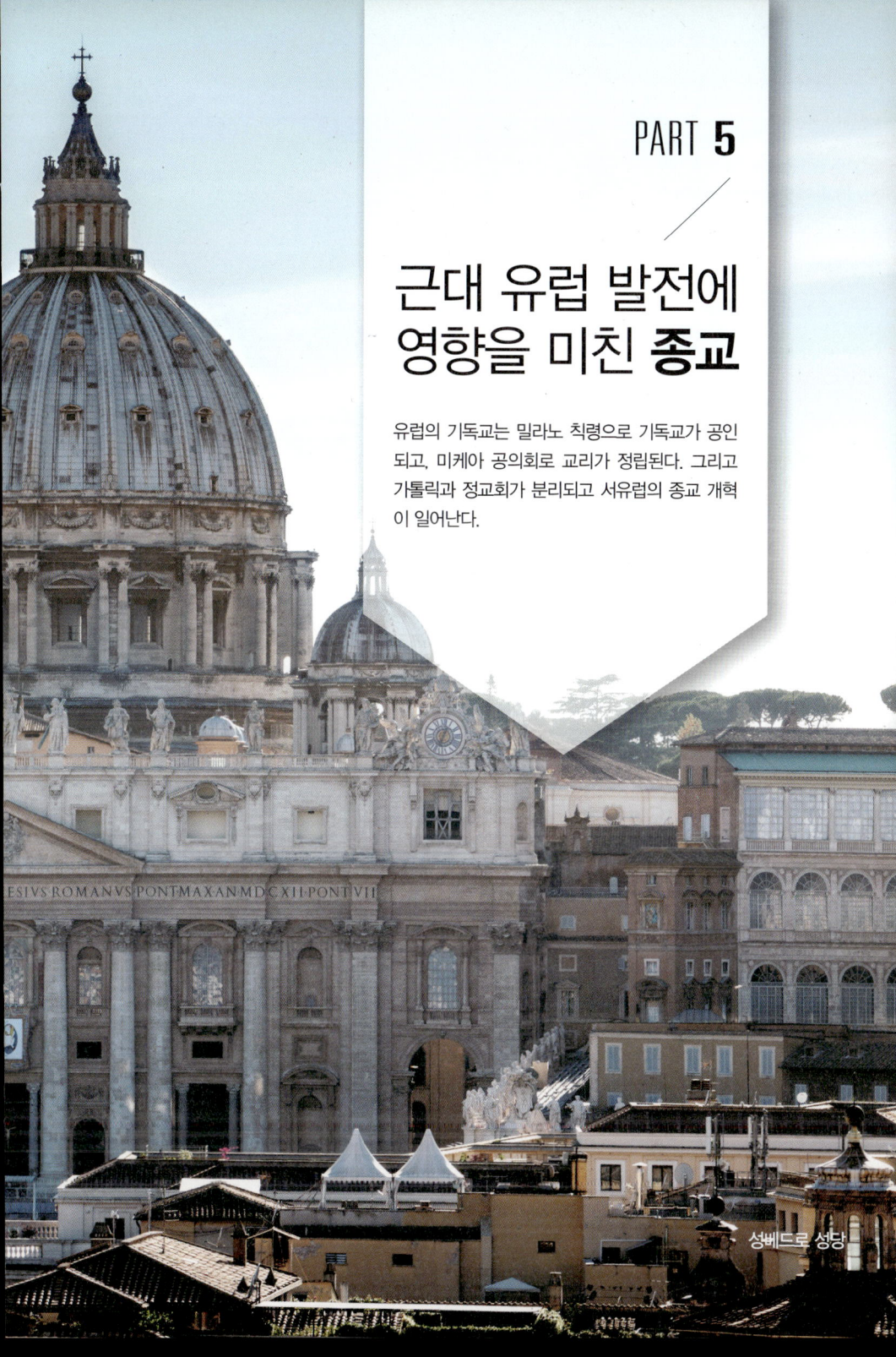

PART 5

근대 유럽 발전에 영향을 미친 종교

유럽의 기독교는 밀라노 칙령으로 기독교가 공인되고, 니케아 공의회로 교리가 정립된다. 그리고 가톨릭과 정교회가 분리되고 서유럽의 종교 개혁이 일어난다.

성베드로 성당

01
밀라노 칙령
_ 기독교가 공인되다

313년 콘스탄티누스는 로마 제국을 정비하고 동서 로마 제국의 통치권 문제를 협의하기 위해 밀라노에서 동방 황제 리키니우스와 만난다. 이곳에서 기독교를 공인하게 되는 밀라노 칙령이 발표된다.

아들과 함께 예전에 찍은 사진을 보고 있다가 아들이 사진 한 장을 내밀며 여기가 어디냐고 물었다.

"응, 여기는 이탈리아의 밀라노라는 도시고, 이것은 두오모 성당이야. 밀라노는 종교 역사에 있어 매우 중요한 도시 중 하나지."

아들은 궁금했는지 나를 쳐다봤다. 뭔가 궁금한 것이 있고, 바라는 것이 있을 때면 나를 빤히 쳐다보는 게 아들의 습관이다.

"그럼, 오늘은 밀라노에 대해 알아볼까? 우선 밀라노라는 도시가 어디쯤 있는지 이야기해줄게.

여행의 통로는 여러 곳이지만, 보통 유럽을 여행할 때는 영국 또는 프랑스에서 시작해 스위스 국경을 넘어 이탈리아 땅으로 들어서게 돼. 그리고 이탈리아로 들어와 첫 번째로 보는 가장 큰 도시가 밀라노란다. 이곳은 현재 이탈리아 제1의 산업 도시지. 이탈리아만을 놓고 보면 반도 북쪽으로 스위스와 접하고 있는 도시야. 세계대전 이후 많은 구시가가 파괴돼 현재 밀라노의 구시가는 반경 1.5km 정도로 볼 수 있어.

프랑스 파리가 섬세한 여성의 모습이라면, 이탈리아 밀라노는 선이 굵은 남성의 모습을 지니고 있어. 이러한 밀라노에서 역사상 매우 중요한 사건이 일어나지. 바로 밀라노 칙령이란다.

디오클레티아누스 황제의 분할 통치 이후 로마는 사실상 동방 제국과 서방 제국으로 나뉜단다. [1]콘스탄티누스 대제가 단독 황제가 되면서 하나의 제국으로 합쳐지기도 했어. 그러나 대체로 동방 제국을 중심으로 나라가 운영됐지. 이 무렵 로마 제국에는 큰 사건이 일어난단다. 바로 313년에 기독교가 공인되지."

"공인된다는 것은 무엇을 의미하죠?"

"이제부터 로마인의 정신을 기독교가 지배하게 된다는 의미야. 그래서 기독교는 중세 유럽을 상징하는 아이콘이 됐어. 이때부터 로마 시대는 기울기 시작하고 중세로 접어들고 있었어. 이와 더불어 훈족이 서진하고 게르만족의 이동도 시작됐지. 이들은 4세기 후반에 대거 로마 제국 안으로 들어왔고, 이에 로마는 게르만 민족을 막는 데 힘을 써야만 했어. 그 결과 로마는 게르만 민족에게 주도권을 내줄 정도로 약체가 돼 476년에 게르만의 용병 대장 [2]오도아케르Odoacer에 멸망했단다.

다시 앞으로 돌아가 보자. 306년에 콘스탄티누스 대제의 아버지이자 서로마의 황제인 콘스탄티우스가 죽자, 영국에 있던 콘스탄티누스는 부하늘의 추대를 받아 서방 황제에 올라. 그러나 동방 황제

갈레리우스는 그를 황제로 인정하지 않았고, 다른 인물을 서방 황제의 정제로 임명했어. 아직은 콘스탄티누스의 힘이 미약했기 때문이지. 몇 년 후 동방 황제인 갈레리우스가 사망하자, 콘스탄티누스는 군대를 일으켜 서방 황제를 물리치고 자신이 황제에 올랐단다. 312년 콘스탄티누스는 갈리아, 게르마니아, 브리타니아, 에스파냐를 포함한 서방 제국의 정제에 올랐어."

"또 다른 로마 제국인 동로마 제국의 황제는 누구죠?"

"리키니우스란다. 리키니우스 또한 콘스탄티누스만큼 야망이 있는 황제였어. 둘은 모두 단일 황제가 되고 싶은 야망을 갖고 있었지. 313년 콘스탄티누스는 로마 제국을 정비하고 동·서 로마 제국의 통치권 문제를 협의하기 위해 동방 황제 리키니우스와 메디오라눔(현재의 밀라노)에서 만났어. 그리고 사실상 기독교를 공인하게 되는 밀라노 칙령이 이곳에서 발표되지. 밀라노 칙령의 내용을 간단히 살펴보면 그리스도교에 대한 관용을 확대하고, 몰수한 재산을 모두 되돌려주며, 원하는 종교를 가질 수 있는 종교의 자유를 보장한다는 것이었어.

하지만 이 둘의 동맹은 오래가지 않았어. 두 황제는 단독 황제가 되기 위해 여러 차례 전쟁을 하다가 324년에 최종 전투를 하게 되지. 콘스탄티누스는 리키니우스가 밀라노 칙령을 어기고 동방 제국에서 기독교를 박해했다는 것을 빌미로 리키니우스를 공격해 승리한 후 단독 황제에 오른단다.

그리고 330년에 콘스탄티누스는 동로마 비잔티움으로 천도했어.

참고로 지명에 관해 이야기하면 비잔티움은 아주 오래전 그리스인이 살던 곳의 지명이란다. 콘스탄티노플은 콘스탄티누스 대제가 오고 난 후의 지명이라 볼 수 있고, 우리가 현재 알고 있는 이스탄불은 터키가 동로마 제국을 무너뜨리고 난 후의 지명이지.

이로써 제국의 모든 권력과 중심이 동로마로 이동하게 된단다. 콘스탄티누스는 밀라노 칙령을 계기로 자신의 정치적 정당성을 확보하고 기반을 넓히기 위해 그리스도교를 최대한 장려했어. 그는 교회와 성직자들에게 각종 특권을 줬고, 각지의 교회 설립을 지원했지. 하지만 그의 사후 세 아들의 피 튀기는 권력 투쟁으로 로마는 다시 나뉘었고, 이 시기에 결정적으로 게르만 민족의 대이동이 시작됐단다."

1 **콘스탄티누스 대제_** 중기 로마 황제. 동방 정교회는 모두 그를 성인으로 추대해 성 콘스탄티누스라고 부른다.
2 **오도아케르_** 게르만족 출신으로, 용병들을 조직하고 서로마제국을 멸망시켜 이탈리아 왕이 되었다. 이탈리아에 쳐들어온 동고트왕 테오도리쿠스에 의해 살해되었다.

PART 5 근대 유럽 발전에 영향을 미친 종교 | 169

02
니케아 공의회
_ 기독교의 교리가 정립되다

325년 열린 니케아 공의회에서는 예수의 신성을 부정하는 아리우스파와 삼위일체설을 주장하는 아타나시우스파 중, 아타나시우스파를 정식으로 인정함으로써 기독교의 삼위일체설 교리가 정립된다.

"아들, 유럽을 이해하려면 기독교를 이해해야 한단다. 밀라노 칙령을 통해 기독교가 공인되고 교리 문제에 관해 종교 회의가 열렸는데, 그것이 바로 니케아 공의회야."

"니케아 공의회요?"

"응. 니케아 공의회는 소아시아의 비티니아 주(현재의 터키)에 있는 니케아에서 동서 교회가 함께 모여 개최한 종교 회의야. 니케아 공의회는 두 번에 걸쳐 이뤄졌지. 첫 번째는 325년 로마 황제 콘스탄티누스가 소집했고, 두 번째는 7차 공의회라고도 불리는, 787년에 개최된 공의회란다."

"공의회가 무슨 뜻이에요?"

"공의회는 교회에 관련된 여러 가지 일을 의논하는 회의야. 325년에 열린 니케아 공의회는 기독교 역사상 최초의 세계 공의회야. 콘스탄티누스 대제는 처음으로 기독교 세례를 받은 로마 황제로 기록돼 있지. 첫 번째 공의회를 소집해 개회식을 주재하기도 했단다.

　콘스탄티누스 대제는 니케아 공의회가 열리기 전인 313년에 밀라노 칙령을 발표해 기독교를 정식으로 인정했고, 교회로부터 빼앗았던 재산을 모두 돌려줬어. 그리고 성직자들에게 부역의 의무에서도 면제해주는 등 최대한의 특혜를 줬지.

　당시 가장 큰 교회는 예루살렘, 안티오키아, 알렉산드리아, 황제가 있는 콘스탄티노플 그리고 로마 교회야. 이들 교회는 지역도 문화도 각각 다른 곳에 있었기 때문에 교리가 조금씩 달랐어. 교리 문제로 인해 교회가 분열될 조짐이 보이자, 콘스탄티누스는 325년 다섯 교회의 대주교와 성직자들을 니케아로 불러들였어. 신의 아들을 자처하는 그로서는 교회가 분열될 경우, 자신에게도 큰 타격이 될 수 있기 때문이었지."

　아들은 고개를 끄덕이며 경청했다.

　"1차 니케아 공의회라고 불리는 이 종교 회의에서 기독교의 교리가 정립됐어. 당시 가장 대립했던 교파는 예수의 신성을 부정하는 '[1]아리우스파'와 삼위일체설을 주장하는 '[2]아타나시우스파'였는데, 1차 니케아 종교 회의에서는 아타나시우스파를 정식으로 인정했어. 또한 이단자에 대한 세례나 속죄 및 사제 제도 등을 제정했어.

　아타나시우스는 알렉산드리아에서 4세기에 활동한 총 대주교의 이름이야. 그는 모든 기독교파로부터 존경을 받았지. 오늘날 개신교에서조차도 존경을 받고 있어. 1차 니케아 공의회에서 성부와 성자의 같은 본질에 대해 말한 그의 주장이 인정받아 정통 신앙의 아버

성 요한 라테란 대성당

지로 불리기도 한단다.

아리우스는 초기 기독교 시대에 활동했던 이집트 알렉산드리아 출신의 성직자이며 신학자야. 그는 예수는 영원한 존재가 아닌 인간일 뿐이고, 성부에 종속적인 개념이라고 주장했어.

1차 공의회가 열린 325년 당시, 주장을 인정받지는 못했지만 아타나시우스파보다 아리우스파가 우세했어. 콘스탄티누스 1세를 비롯해 그의 뒤를 이은 황제들이 대체로 아리우스파였기 때문이지. 아리우스파는 아타나시우스로부터 알렉산드리아의 총 대주교직을 박탈했고, 콘스탄티누스 1세는 그를 현재의 레바논인 티레로 추방했어. 337년 콘스탄티누스 1세가 죽자, 그의 후를 이은 콘스탄티누스 2세에 의해 다시 복원됐단다.

2차 공의회인 비잔틴 공의회는 황제 레오 3세와 그의 아들 콘스탄티누스 5세에 의해 시작된 성상 파괴 운동이 원인이 돼 787년에 개최됐어. 회의 결과, 성화 또는 성상에 대한 공경은 그 자체를 숭배하는 것이 아니라 성화에 그려진 성인들에 대한 공경이므로 우상 숭배가 아니라는 결정이 내려져 성상 파괴 운동이 부정됐지."

1 **아리우스파_** 이집트 알렉산드리아 출신의 아리우스가 주장한 기독교 신학. '성자' 예수는 창조된 존재이며, '성부'에게 종속적인 개념이라는 성격의 주장을 하며 삼위일체에 반대한 기독교 신학

2 **아나타시우스파_** 예수의 신격을 부인하는 아리우스파와 달리, 삼위일체설을 주장하는 기독교 신학

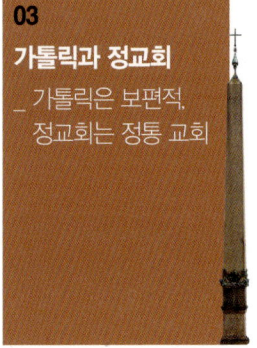

03
가톨릭과 정교회
_ 가톨릭은 보편적,
  정교회는 정통 교회

가톨릭과 정교회의 가장 큰 차이점은 가톨릭은 로마 교황을 중심으로 삼각형 모양의 피라미드식 구조를 지니고 있는 반면, 정교회는 규모에 따라 10개의 대표적인 독립 정교회를 중심으로 평등하고 수평적인 관계를 유지하고 있다는 것이다.

"유럽의 종교를 살펴보면 좀 더 깊이있게 유럽을 이해할 수 있단다. 유럽의 종교는 크게 가톨릭과 정교회로 구분할 수 있어."

"가톨릭이나 정교회는 어떻게 탄생했나요?"

"로마 제국은 황제 디오클레이티아누스와 콘스탄티누스를 거치면서 서로마와 동로마로 양분됐어. 콘스탄티누스 대제는 동로마의 수도를 니코메디아에서 콘스탄티노플(지금의 터키 이스탄불)로 천도했지. 만신교였던 로마는 313년 콘스탄티누스 대제의 밀라노 칙령에 이어 392년 테오도시우스 황제에 의해 기독교를 국교로 정했어.

로마 제국 시절 그리스도교의 초대 5대 대교구 중 로마 교회와 콘스탄티노플 교회가 수차례의 종교 갈등을 겪는단다. 그 후 기독교는 종교적 갈등이 정치적 갈등으로 변화되는 시점에서 1054년 가톨릭과 정교회가 서로 파문하는 사건을 통해 대분열을 맞이하지. 이 사건은 현재의 가톨릭과 정교회의 모태가 됐어. 가톨릭과 정교회의 의미

러시아 정교회 성당

를 살펴보면, 가톨릭은 '보편적'이라는 의미가 있고, 정교회는 '정통 교회'라는 의미가 있어."

"그 당시 가톨릭과 정교회의 특징은 무엇이었나요?"

"가톨릭은 로마 교황을 중심으로 삼각형 모양의 피라미드식 구조를 지니고 있었던 반면, 정교회는 그 교회의 규모에 따라 10개의 대표적인 독립 정교회를 중심으로 각각의 총 대주교가 평등하고 수평적인 관계를 유지하고 있었어. 이는 총 대주교가 다른 주교보다 높다는 의미가 아니라 책무가 더 크다는 의미라고 할 수 있지. 즉, '주교 위에 주교 없고, 주교 밑에 주교 없다'는 의미란다.

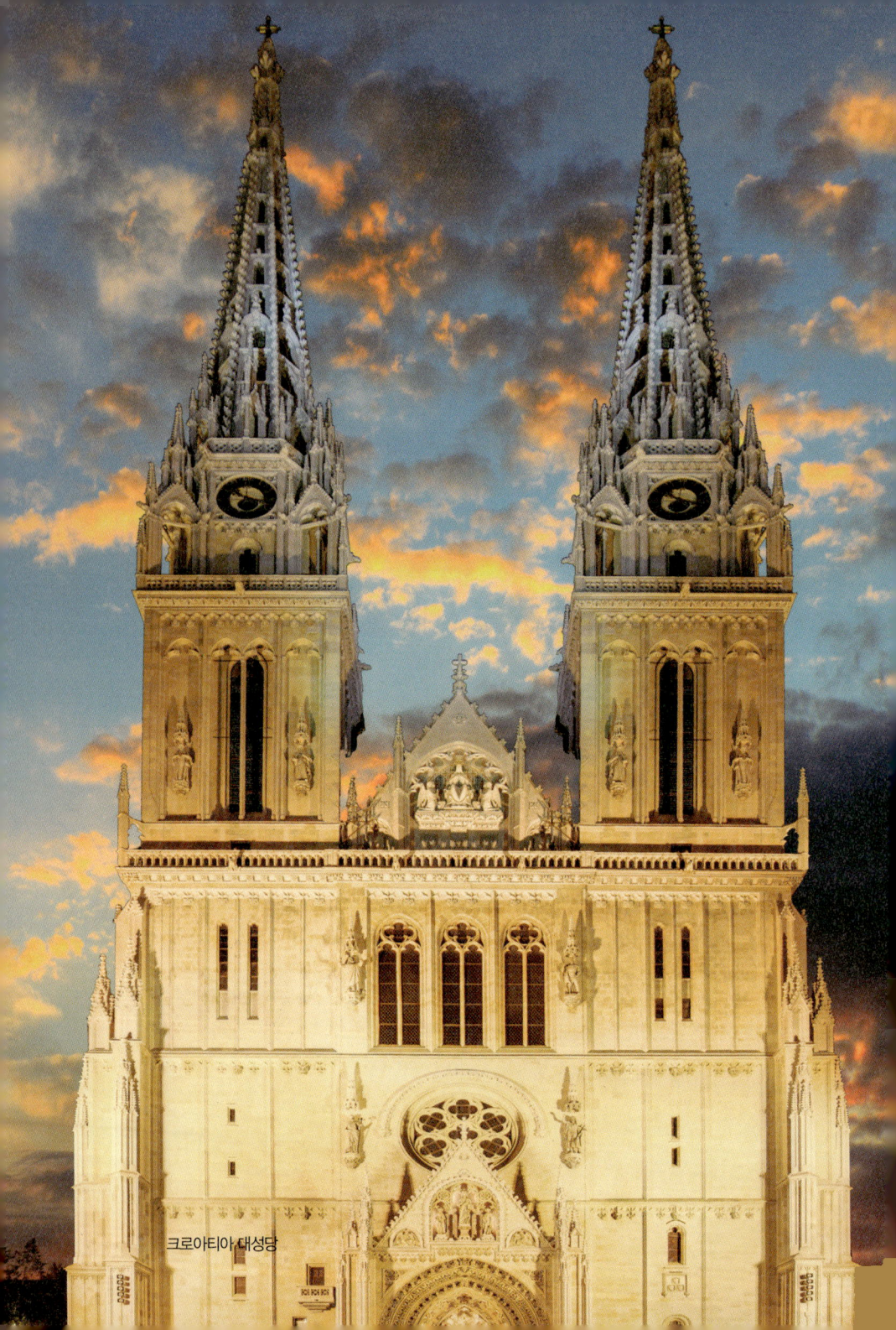

크로아티아 대성당

또 한 가지, 현재의 가톨릭과 정교회는 같은 종교에서 출발했음에도 예배 형식과 세례 등 여러 의식 그리고 성경 해석에서 매우 다른 점을 보이고 있어. 정교회는 슬라브족에게 전파됐지만, 가톨릭은 게르만족에게 전파돼 문화의 바탕이 됐지. 가톨릭이 성모 마리아가 원죄를 짓지 않고 태어났다는 무염시태 교리를 선포했지만, 정교회는 무염시태를 반대하지. 또 정교회는 입체 조각을 금지하지만, 가톨릭은 조각, 동상, 성화상 등 미술의 모든 양식을 표현 수단으로 인정했어. 또 가톨릭은 공동의 수도 생활이 발달했지만, 동방 교회에서는 개인적인 수도 생활이 발달했어."

"정말 서로 많은 차이점이 있네요."

"그뿐만이 아니란다. 몇 가지 예를 더 들어 보면, 정교회는 미사 때 누룩을 넣은 빵만 사용하는 반면, 가톨릭은 빵만 사용하고, 정교회 성직자는 대체로 수염을 기르지만, 가톨릭은 대체로 수염을 깎는단다. 심지어 수도자들의 수도복도 정교회는 같고, 가톨릭은 다르지.

결론적으로 말해 가톨릭과 정교회의 차이점은 같은 종교지만, 다른 교회, 다시 말하면 조직이 아예 다르다는 것이야. 무엇보다 가장 중요한 차이점은 가톨릭은 삼위일체설을 철저히 신봉하지만, 정교회는 부정하고 있다는 점이란다.

교황의 [2]수위권 인정에 대한 시각도 많이 달랐다고 해. 동방 교회는 교황의 수위권을 불인정한다기보다 교황의 수위권보다 개별 교회의 자치권을 더 높게 본단다. 그래서 교황의 수위권을 인정하지 않고 개별 교회는 평등하다고 생각하지."

"의례 부분에서도 차이점이 많은가요?"

"물론이지. 의례면에서 보더라도 가톨릭의 전례는 많은 변천이 있었지만, 동방 교회에서는 전례의 변화가 거의 없어. 성찬 예배 절차도 엄격하고 세례 의식도 초대 교회처럼 온몸을 물에 담그는 침례 의식을 행한단다."

"성직자의 결혼 여부는요?"

"개신 교회 목사들은 대부분 결혼을 하고 천주교 신부님들은 그렇지 않치. 하지만 정교회에서는 결혼한 유부남도 신부님이 될 수 있

트빌리시 성 트리니티 대성당

어. 초기 기독교에서 금혼 규정이 없음을 들어 성직자의 결혼을 허용했지만, 사제 서품 이후에는 결혼할 수 없단다. 또한 주교는 독신 가운데 선택하는 전통을 존중하지. 신부 일을 하다가 부인이 죽어도 다시 결혼은 하지 못했어. 그리고 고위 성직자인 주교는 수도 성직자라고 하는데, 독신으로 사는 수사 중에서 임명된단다. 천주교 성직자는 100% 독신남이지만 정교회 성직자는 유부남과 독신남이 공존하지. 그리고 정교회에서는 수녀님들이 있는데 결혼한 여성도 있었어. 남편이 수도원에 들어가 수사가 돼서 수녀가 된 분들도 있지."

1 **5대 대교구**_ 로마, 콘스탄티노플, 안티오키아, 알렉산드리아, 예루살렘
2 **수위권**_ 교회 내의 서열과 명예 교황이 지닌 고유한 최고의 권한

04 바티칸 제국
_ 세상에서 가장 작지만 강한 나라

로마 역사 지구 중심에 있는 바티칸시국은 면적 1km²도 안 되는, 세계에서 가장 작은 나라다. 중심에 있는 산 피에트로 성당은 전 세계 11억 5,000명의 신도를 가진 가톨릭의 본산이다.

"아빠, 세계에서 가장 작은 나라, 바티칸에 관해 이야기해주세요."

"바티칸은 세계에서 가장 작지만, 가장 강한 나라라고 볼 수 있단다. 이 나라는 '바티칸 시국'이라고도 부르는데, 로마 역사 지구 중심에 있지. 로마로부터 전기나 상·하수도를 공급받고 있지만, 하나의 국가임은 분명하지. 면적은 1km²도 안 되는 세계에서 가장 작은 나라란다. 중심에 있는 산 피에트로 성당은 전 세계 11억 5,000명의 신도를 가진 가톨릭의 본산이기도 하지."

"국가가 성립되기 위해서는 국민이 있어야 하는데, 그럼 바티칸의 국민은 누구이고, 인구는 몇 명이죠?"

"좋은 질문이야. 바티칸의 국민은 전 세계의 추기경님이고, 인구는 천 명이 안 되지. 그리고 바티칸에는 입법, 사법, 행정 그리고 출판사, 방송국 등이 갖춰져 있단다. 물론 치안은 로마시가 담당하지. 바티칸에 관해 좀 더 이야기하면 성당 뒤쪽의 바티칸 박물관은

바티칸 광장

과거 교황의 궁전이었고, 16세기에 만들어진 성벽에 둘러싸여 있어. 바티칸 박물관에는 매년 1,000만 명의 방문객이 온단다. 박물관은 14~16세기 르네상스 그림들을 비롯해 교황들이 수집한 다양한 작품이 있지."

아들은 무엇인가를 골똘히 생각한 후 "르네상스 그림의 특징이 뭐죠?"라고 물었다.

"사실적 표현이 르네상스 그림의 특징이란다. 그리고 박물관이 특별한 것은 교황청과 직접 관련이 있어서 하나하나가 귀중한 유산이란 점이야."

아들에게 바티칸을 이해시키기 위해서는 15세기 상황을 이야기해 줘야만 했다.

"로마는 15세기 중엽부터 영광이 사라지기 시작했단다. 가장 번성했을 때 로마 인구는 100만 명 정도였어. 당시에는 인구가 10만 명만 돼도 매우 큰 도시였지. 하지만 당시 로마의 인구는 4만 명 정도로 전성기보다 보잘 것 없었단다. 1477년에 교황으로 선출된 니콜라스 5세는 도시 재건과 바티칸의 권위 회복을 사명으로 삼았단다. 5세기에 지어진 '1산타 마리아 마조레 성당'을 재건했고, 프라 안젤리코는 '2수태고지'와 바티칸 궁의 니콜라스 5세 예배당의 프레스코화를 그렸단다. 그리고 1471년 교황 식스토 4세는 나보나 광장 등 여러 광장의 분수를 복구하고 시장을 세워 그 수익금으로 바티칸 재정에 도움을 줬지. 또한 자선 사업으로 산토 스피리토 병원을 건립하고, 시스티나 예배당 건축을 시작해 1483년에 완성했단다. 이 예배당의 중심 제단 좌우 벽에 그려진 프레스코화의 오른쪽은 구약과 신약의 성서 이야기란다. 이 그림의 제목은 '모세의 일생', '코라', '다단', '아비람의 처벌' 등이고 유명한 화가인 보티첼리가 그렸지. 왼쪽에는 그리스도 이야기로 페루지노의 '그리스도의 세례', '천국의 열쇠를 주는 그리스도'와 보티첼리의 '그리스도의 유혹'이 그려져 있단다."

아들은 나에게 사진을 보여주면서 무엇인지 물어보았다.

"이것은 바티칸 문장이란다. 황금 열쇠는 교황의 영적 권위, 은 열쇠는 세속적 권위를 상징하지.

다시 그 당시 교황에 관해 이야기하면, 니콜라스 5세와 식스토 4세 두 교황은 그 시대 가장 앞서가는 예술을 교회와 연결해 교회의 번영을 꾀했던 분들이란다. 반면, 1503년 교황으로 선출된 율리우스 2세는 주도면밀하고 과감한 생각을 하는 인물이었단다. 그는 바티칸의 권위를 내세울 만한 뭔가를 찾고 있던 중 바티칸 재건이라는 큰 계획을 수립했지. 당시 바티칸의 중심은 4세기에 지어진 교회였는데, 교황은 그것을 허물고 세계 최대의 성당을 짓고자 했어. 하지만 곧 반대에 부딪혔단다. 왜냐하면, 그 교회는 성역이었기 때문이지. 하지만 그는 반대에 굴하지 않고 1506년 성당을 착공해 미켈란젤로와 라파엘을 로마로 초빙했어. 라파엘로의 '아테네 학당'과 성당에 25세의 미켈란젤로가 조각한 '피에타'는 이때 만들어진 것이란다."

아들은 고개를 끄덕였다.

"솔방울 정원을 지나 흉상의 방 그리고 팔각 정원에 도착하면 그곳 안마당에 라오콘을 비롯한 그리스 조각상 등 고대 그리스·로마 조각상들이 전시돼 있어. 많은 작품이 있지만, 그중 1506년 고대 로마 황제 목욕탕에서 발견된 '라오콘'은 그리스 신화 트로이 목마의 한 장면을 묘사한 것으로, 거대한 뱀이 라오콘과 두 아들을 휘감고 있는 모습을 하고 있어. 트로이 신관이었던 라오콘이 그리스군의 목마를 성안에 들이지 말라는 경고를 하자, 이에 격노한 그리스 신이 큰 뱀을 보내 라오콘과 아들을 목 졸라 살해하는 순간을 표현했다고 해. 발견 당시는 오른팔이 없었고, 1905년 고고학자 루트비히 폴락이 한 석공의 창고에서 발견해 3년간의 복원을 거쳐 지금의 모습을 갖췄지.

시스티나 예배당은 교황의 미사가 집전되는 곳이란다. 이곳에서는 1508년 거대 프레스코화 제작이 시작됐는데, 바로 그 주인공은 율리우스 2세였어. 그가 시스티나 예배당의 혁신을 계획할 때 미켈란젤로는 교황의 무덤에 놓을 조각을 제작 중이었지. 도면을 본 교황은 사물이 매우 입체적으로 평면에 표현된 것을 보고 그의 재능을 인정했어. 하지만 미켈란젤로는 교황이 조각을 제작하라는 명령을 내리지 않자, 친구에게 편지를 남기고 피렌체로 돌아가 버렸단다."

"교황의 마음이 어땠을까요?"

"교황은 피렌체의 관리에게 서신을 보내 미켈란젤로가 로마로 돌아오도록 설득해줄 것을 요청했단다. 미켈란젤로는 다시 로마로 돌아왔어. 사람들은 조각가에게 벽화를 맡기면 안 된다고 반대했지만 교황은 그의 재능을 믿었단다."

나는 아들을 바라보면서 물었다.

"전에 책에서 본 미켈란젤로의 그림을 기억하니? '천지창조'와 '최후의 심판'말이야."

아들은 고개를 끄덕였다.

"이러한 그림을 프레스코화라고 하는데, 어떻게 그렸는지 이야기해줄게. 미켈란젤로는 천지창조 천장화를 그릴 때 아치형의 커다란 발판 위에서 작업했는데, 벽에서 벽으로 다리가 놓였단다. 그는 작업대에서 조금씩 이동하며 그림을 그렸는데 회반죽을 평평하게 바르고 밑그림에 먼저 바늘로 구멍을 내고 회반죽 위에 밑그림을 올리고 구멍에 검은 가루를 부었지. 그리고는 색을 입혔단다. 한마디로 이야기하면 회반죽에 그림을 그리는 작업이었어. 작업은 우선 회반죽을 바르는 사람, 밑그림 옮기는 사람으로 나뉘어 있었어. 천장의 내부 길이 40m, 폭 13m, 높이 21m로 미켈란젤로의 천장화는 구약의 창세기에서 시작됐단다. '빛과 어둠을 나눔', '해와 달의 창조', '식생의 창조', '아담의 창조', '이브의 창조', '원죄와 낙원으로부터의 추방', '노아의 제물', '노아의 대홍수', '술 취한 노아'에 이르기까지 9개 그림으로 구성되어 있어. 이때 하느님이 최초로 인간 형상으로 묘사되고 나체의 아담이 그려졌지."

나는 아들에게 계속 미켈란젤로와 그의 그림에 관해 이야기했다.

"미켈란젤로는 일과가 끝나면 안마당에 전시된 고대 조각상들을 보며 연구했어. 토르소는 미켈란젤로의 상상력을 자극했단다. '토르소'는 현실적인 근육, 형태의 균형, 약간 비틀어진 몸통에 오른쪽 다리를 들고 있어서 그의 상상력을 자극했고 큰 영감을 받았지. 그는

토르소

 이 토르소를 모델로 삼아 시스티나 예배당의 그림에 표현했어. 나체의 인물로 천장을 표현했는데 인간의 벗은 몸을 표현의 수단으로 삼은 것이 그의 철학이었단다.
 천장화는 1512년 11월에 완성됐고, 인간의 아름다움과 본능을 사실적으로 묘사했어. 이전까지 가톨릭 세계는 모든 하늘이 인간과 동떨어져 있고, 그 세계가 너무 완벽해서 가까이 갈 수는 없었지만, 이 예배당의 하늘에는 우리 일상과 닮은 요소가 많았단다."

아들은 내 이야기에 집중하고 있었다. 종교와 예술이 어린 아들에게는 좀 어렵다는 생각이 들었다. 나는 아들에게 1513년 2월 율리우스 2세 사망 후 미켈란젤로가 피렌체로 돌아온 이후의 이야기를 해주겠다고 했다.

"1527년 피렌체에서 시민 혁명이 일어나자, 로마 교황은 군대를 파견해 피렌체를 포위했어. 그때 미켈란젤로는 누구의 편에 섰을까?"

"시민의 편에 서지 않았을까요?"

"물론이야. 그는 시민의 편에 섰단다. 하지만 시민의 편에 섰던 미켈란젤로는 한 교회의 지하에 은신하며 혁명에 가담한 것을 후회했고, 죽음에 대한 두려움을 느꼈어. 게다가 마틴 루터에 의한 16세기 종교 개혁으로 바티칸의 권위가 부정되고 비난에 직면하게 됐단다. 이때 바티칸은 정통성을 증명하기 위해 1535년 교황 바오로 3세는 시스티나 예배당에 최대의 벽화를 그리기로 한 것이지. 이것은 강력한 메시지였어. 교황은 미켈란젤로에게 제단 벽에 '최후의 심판'을 그려달라는 편지를 보냈고, 미켈란젤로는 그림을 위해 61세에 바티칸으로 돌아왔지. 이 시기에는 새로운 계층이 생겨나고 종교 개혁이 일어났단다.

이제 '최후의 심판'에 관해 이야기할게. 어떤 작품인지 알고 있니?"

"그냥 미켈란젤로의 작품이라는 정도만요."

"'최후의 심판'은 미켈란젤로의 고통과 후회의 모든 감정을 끌어내 6년에 걸쳐 완성한 제단화야. 높이 14.5m, 넓이 13m로 세계 최대이고, 400명의 인물이 등장해. 이 작품은 세상의 종말을 묘사하고,

최후의 심판

천지창조

종교 개혁자들에게 가톨릭에 등 돌리는 자는 지옥으로 갈 거라는 메시지를 전달하고 있단다. 자신을 고통받는 사람들 속에 인간의 몸에서 벗겨진 피부로 그려 넣었는데, 이는 영혼이 정처 없이 영원히 떠

돌아다닐 거라는 것을 의미한다고 해. 그는 인간의 실제 표정을 완벽히 연구했는데, 일생을 고통 속에서 살면서 숨기고 사는 부정적인 감정이 인간의 본성이라 확신했지."

마지막으로 라파엘로 방에 관해 이야기하기로 했다.
"라파엘로의 방은 교황이 집무를 보던 궁전의 방들로, 1509년에 개조를 시작했어. 서명의 방은 행정 업무를 보던 방인데, 25세의 라파엘로가 그린 벽의 프레스코화인 '아테네 학당'이 있지. 고대 현인들 플라톤, 아리스토텔레스, 수학자 유클리트와 피타고라스, 소크라테스 등이 있는데, 고대 그리스의 지혜를 권위의 상징으로 해석해 표현했어. 미켈란젤로가 권위의 표현을 인간의 열정과 고통으로 표현했다면, 라파엘로는 율리우스 2세의 화합의 희망을 표현하며 황금시대를 재창조하겠다는 의지를 보여줬단다."
나는 아들에게 권위, 희망, 열정, 고통과 같은 단어는 인간에게 항상 따라다니는 단어 같다고 이야기했다. 이 단어 자체가 인간의 삶에 항상 동반하는 것 같다고도 이야기했다.
"라파엘로와 미켈란젤로의 경쟁의식을 볼 수 있는 이야기가 있단다. 어느 날 라파엘로가 조수들과 바티칸 궁전을 걷고 있다가 미켈란젤로와 마주쳤을 때 '당신은 항상 외로워 보입니다'라고 말하자, 미켈란젤로는 '당신은 항상 귀족처럼 수행원과 동행하는군요'라고 말했다는 기록이 있는데, 이는 두 사람의 경쟁의식을 보여주는 것이지. 라파엘의 로지아는 천장에 구약·신약성서의 62개 장면이 묘사돼 있어. 금단의 열매를 먹는 아담과 이브는 라파엘과 조수들이 그렸고, 그림 주변의 돋을새김은 라파엘의 디자인에 따라 바티칸의 장인이 만들었지. 복도에는 라파엘의 작품은 없고, 여러 분야의 장인을 불러 작업을 통솔했단다. 다양한 분야의 작가와 팀을 조직해 작업했지.

　이들은 서로에게 어찌 보면 스승이기도 했단다. 또 다른 기록을 보면 어느 날 미켈란젤로가 집에 간 후 라파엘은 미켈란젤로의 천장화가 보고 싶어 몰래 시스티나 예배당에 들어갔는데, 그림을 보고 깜짝 놀랐단다. 난생처음 보는 것이었기 때문이지. 많은 나체의 인간이 눈에 들어왔고, 그런 그림을 그려본 적이 없는 라파엘은 그 웅장함에 큰 충격을 받았단다. 그는 이를 계기로 해부학을 공부하고 인체의 표현법을 연구했어. 그 후 그의 작품 중 하나인 '보르고의 화재'는 교

아테네 학당

황의 집무실에 있는 그림인데, 이 그림에는 인물의 근육 조직이 특히 강조돼 있어. 라파엘은 그와 똑같이 해서는 능가할 수 없음을 알고는 다른 방법을 찾기로 했지. 인간의 몸을 묘사하는 것만이 그림이 아니라 자기만의 대상을 만들어 그리려 한 것이란다. 그 대표적인 작품이 '성 베드로의 해방'이지. 이 그림은 완전히 새로운 기법인 빛을 사용했어. 시행착오를 통해 탄생한 절정의 기술이 사용됐지. 그림을 완성한 후 라파엘은 초창기 그림 '아테네 학당'에 한 명을 더 추가했단다. 아무도 없던 계단 바닥에 미켈란젤로를 그려 넣은 것은 새로운 표현법을 만들도록 영감을 준 것에 대한 감사 표현이라고 해."

1 **산타 마리아 마조레 대성당**_ 이탈리아 로마에 있는 로마 가톨릭교회의 대성당. 고대 로마 양식의 4대 성전 가운데 하나.
2 **수태고지**_ 그리스도교의 신약성서에 쓰여 있는 일화 가운데 하나로, 성모 마리아에게 가브리엘 대천사가 찾아와 성령에 의해 처녀의 몸으로 예수 그리스도를 잉태할 것이라고하고, 마리아가 그것에 순종하고 받아들인 사건을 말한다. 개신교에서는 수태고지(受胎告知)라고 하며, 동방 정교회에서는 성모희보(聖母喜報)라고 한다.

05
서유럽의 종교 개혁
_ 가톨릭의 비성경적 교리와 관습을 배척하다

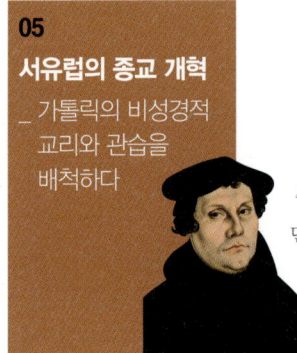

종교 개혁을 주도한 인물로는 옥스퍼드 대학의 교수였던 존 위클리프, 카를 대학의 교수인 얀 후스, 성직자인 사보나롤라, 신학자인 마틴 루터, 수도사인 츠빙글리 그리고 프랑스로에서 스위스로 넘어온 장 칼뱅을 들 수 있다.

"아들, 오늘은 서유럽의 종교 개혁에 관해 이야기해볼까?"
"네, 좋아요."
"유럽의 종교 개혁은 가톨릭의 비성경적인 교리와 관습을 배척하면서 시작됐어. 15세기에 일어난 이러한 종교 개혁은 서유럽에서 거대한 가톨릭을 변화시켰지. 서유럽 종교 개혁의 가장 큰 업적은 나라마다 자신의 언어로 성서를 볼 수 있게 된 것이란다. 아마도 종교 개혁이 없었다면 지금의 서구 문명도 다른 모습이었을 거야.

종교 개혁을 주도한 대표적인 인물로는 존 위클리프, 얀 후스, 사보나롤라, 마틴 루터, 츠빙글리, [1]장 칼뱅을 들 수 있지. 이 중 우리에게 많이 알려진 종교 개혁가는 마틴 루터지만, 종교 개혁의 시발점은 마틴 루터보다 140년이나 앞선 존 위클리프란다. 그는 가톨릭 사제이자 영국 옥스퍼드 대학교 교수였어. 그는 가톨릭의 타락과 교리의 모순을 반박하는 글을 쓰고, 설교를 하고, 라틴어 불가타역인 성서를 영어로 번역해 이를 1382년에 완성했어. 종교 개혁은 위클리프파의 사람에 의해 각지에 퍼졌지. 그가 죽자, 그를 따르던 제자들은 영국 왕 헨리 4세에 의해 이단자로 낙인찍혀 투옥되고, 고문을 당하거나 화형에 처해졌단다. 존 위클리프의 영향을 받은 얀 후스 또한 로마 가톨릭교회의 타락을 반박하는 설교를 했어. 얀 후스는 체코의 신학자이자 종교 개혁자란다. 또한 체코 민족 운동의 지도자로서 보헤미아의 독일화 정책에 저항했어."

나는 아들을 쳐다보면서 이야기를 이어 나갔다.

"그는 존 위클리프의 영향을 받아 성서를 기독교 믿음의 유일한 권위로 인정할 것을 강조하는 복음주의적 태도를 보였어. 그는 모든 사람에게 성서를 읽는 일의 중요성을 강조함으로써 가톨릭 성직자들의 분노를 샀지. 왜냐하면, 당시에는 성서를 읽는 것이 성직자나 귀족들만의 특권이었기 때문이란다. 이 밖에도 후스는 계속 면죄부 판매와 교리의 모순과 잘못을 비난하는 글을 많이 썼어."

"국가와 성직자들에게 눈엣가시였겠네요."

"두말하면 잔소리지. 대학에서는 그를 파면했어. 하지만 그는 자신의 주장을 굽히지 않았지. 얀 후스는 결국 가톨릭교회의 잘못을 지적했다는 이유로 로마 공의회 재판을 받고 1411년 대립 교황 요한 23세에 의해 교회로부터 파문당했어. 하지만 후스는 그릇되게 사느니 차라리 죽음을 선택하겠다며 끝까지 자신의 주장을 굽히지 않다가 화형당했지.

그의 주장은 마틴 루터 등 알프스 이북의 종교 개혁가들에게 영향을

프라하 구시가 광장의 얀 후스 동상

미쳤어. 그로부터 수십 년이 흐른 후 르네상스의 고향 이탈리아 피렌체에서 수도승 ²사보나롤라가 교회와 국가의 타락을 비난하며 종교 개혁을 주장했지. 그는 환상과 계시를 받았다고 주장하면서 그리스도 국가를 설립하려고 노력하다 1497년에 파문당했어. 교황청의 심문관에 의한 재판에서 1498년 화형을 당해 피렌체에 있는 아르노강에 뿌려졌지. 사보나롤라가 사망한 지 얼마 지나지 않아 종교 개혁은 유럽 전역에서 시작됐단다.

그의 뒤를 이어 독일의 신학자이자 대학 교수였던 마틴 루터가 등장해. 독일의 종교 개혁은 1517년 비텐베르크 성 교회 문 앞에 95개 조의 반박문을 붙이면서 시작됐지. 당시 레오 10세가 성 베드로 대성당의 개축 비용을 마련하기 위해 가톨릭의 면죄부를 판매했단다. 마틴 루터는 이것이 부당하다고 항의했지. 로마 교황청은 산 사람뿐만 아니라 죽은 사람들을 위한 면죄부도 팔았어. 당시 로마 교회는 마틴 루터와 토론을 벌이면서 그의 주장을 철회할 것을 명령했지. 하지만 루터는 이를 무시하고 교황의 교서와 로마 교회의 법전을 공개적으로 불태웠어. 결국, 1521년 1월 3일 루터는 최종적으로 가톨릭 교회에서 파면당해.

1521년 4월 18일 보름스 제국 회의에 불려 나온 루터는 다시 한번 교황의 파문을 무시하고 자신의 주장을 철회하는 것을 거부했어. 보름스 제국 회의가 끝난 후 황제의 신변 보장 약속이 있었지만, 신변의 위협을 느낀 루터는 자신의 보호자인 작센 선제후 프리드리히의 바르트부르크 성으로 피신했어. 그는 숨어 지내는 이 시기에 그리스어와 라틴어로 된 1519년판 에라스뮈스 신약 성경을 독일어로 번역하는 작업을 했지. 마틴 루터의 독일어 성경은 종교적인 의미 이외에도 새로운 표준 독일어의 기본이 되는 중요한 것이었단다."

"마틴 루터는 구원에 있어 선행보다 믿음과 신의 은총을 강조했다고 알고 있어요. 마틴 루터의 종교 개혁이 가톨릭과 구별되는 점이 뭔가요?"

"'첫째, 구원은 사제의 면죄나 고해 행위를 통해 오는 것이 아니라 오직 믿음을 통해 오는 것이다, 둘째 용서를 받는 것은 하나님의 은

세인트 폴 성당

총에 의한 것이지 사제나 교황의 권위에 의한 것이 아니다, 셋째 모든 교리 문제가 성경에 의해 확증되는 것이지 교황이나 교회 공의회에 의해 확증되는 것이 아니다'란다.

이러한 마틴 루터의 종교 개혁은 종교 전쟁으로 발전했어. 제후나 농민이 중심인 루터파와 교황이 중심인 황제파의 투쟁으로 발전했고, 결국 1555년 루터파를 아우크스부르크회의에서 정식 승인하게 되지. 마틴 루터와 동시대에 스위스에는 종교 개혁자 츠빙글리가 있었단다. 가톨릭 사제인 그는 마틴 루터의 종교 개혁이 한창일 때 스위스에서 면죄부, 마리아 숭배, 독신제와 같은 가톨릭 교리를 반박하며 종교 개혁 운동을 했어. 츠빙글리는 루터와는 많은 점에서 차이가 있었지.

두 종교 개혁가를 비교해보면 루터는 보수적이었던 반면, 츠빙글리는 진보 개혁적이라고 할 수 있단다. 1529년 발브르그에서 루터와 츠빙글리가 프로테스탄트 연합을 위해 만났어. 이들은 이 자리에서 성찬에 대해 논쟁했지만, 신학적 이해를 좁히지 못했다고 해. 이 성찬 논쟁으로 루터파, 칼뱅파, 츠빙글리파로 구별됐지.

츠빙글리의 개혁 운동은 도시에서 큰 호응을 얻었지만, 보수적인 농촌에서는 지지를 받지 못했어. 결국, 츠빙글리의 종교 개혁은 가톨릭과 충돌하게 됐고, 스위스에 종교적 내란이 일어났을 때 그 전투에서 생을 마감했어. 그 후 마틴 루터와 츠빙글리의 영향을 받은 종교 개혁가가 나타났어. 바로 장 칼뱅이란다. 그는 파리에서 신학 공부를 하고 이후 오를레앙에서 법학을 공부했지. 그리스 고전에 심취해 당시

제네바 바스티옹 공원의 종교 개혁 기념비

인문주의의 영향을 받았어. 그는 스위스 제네바에서 활동했고, 루터의 교리를 발전시켜 예정설을 주장했지. 또한 하나님을 절대적 주권자로 인정했고, 인간에 대해서는 죄가 크고 너무도 보잘것없는 존재로 여겼어."

"장 칼뱅이 주장하는 예정설이 구체적으로 뭐죠?"

"구원은 인간의 선한 행실에 달린 것이 아니라 하나님께 달려 있다고 하는 설이야. 즉, 인간의 구원은 미리 정해져 있다는 것이지. 그래서 선택됐다는 확신을 하고 직업에 전념할 것을 강조했어. 그는 도시 상공·시민층의 환영을 받았단다.

오늘날 이탈리아, 스페인, 오스트리아, 프랑스는 가톨릭으로 남아 있지만, 유럽의 다른 지역은 세 분파로 나뉜단다. 루터파는 독일과 동북 유럽, 즉 스칸디나비아, 칼뱅파는 프랑스 일부 지역과 스위스, 네덜란드, 스코틀랜드 그리고 성공회는 영국으로 나뉘었어. 로마 가톨릭과 프로테스탄트의 대립은 정치적인 이해와 맞물려 유럽 전체를 전쟁의 소용돌이에 휘말리게 했어. 그로 인해 로마 가톨릭과 프로테스탄트로 나뉘어 있던 독일에서 30년 전쟁이 일어나게 되지. 하지만 이런 변화는 르네상스에 이어 사람들이 종교에 대해 다시 한번 생각해보게 하는 계기를 만들었고, 교회도 내부적으로 재성찰의 기회를 얻도록 하는 계기가 됐단다."

1 **장 칼뱅_** 종교 개혁을 이끈 프랑스 출신의 개혁 교회 신학자이자 종교 개혁가. 기독교 사상 중 하나인 칼뱅주의(개혁주의)의 개창자로, 마르틴 루터·츠빙글리가 시작한 종교 개혁을 완성했다.

2 **사보나롤라_** 이탈리아 도미니쿠스회 수도사·설교가·종교 개혁가이다. 설교를 통해 피렌체 시를 개혁하고, 민주 정치를 실시하려고 했다.

PART 5 근대 유럽 발전에 영향을 미친 종교

06
이슬람교의 탄생
_ 메카에서 이슬람교가 탄생하다

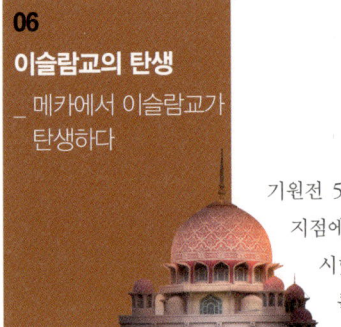

기원전 570년 아라비아 반도 중부 홍해 연안에서 80km 지점에 위치한 메카에서 태어난 마호메트가 610년 창시했다. 이슬람이란 '절대 순종한다'는 뜻이며, 신도를 가리키는 무슬림이라는 말은 '절대 순종하는 이'라는 의미가 있다.

"아들, 오늘은 이슬람교가 탄생한 아라비아에 대해 설명할게. 아라비아를 중심으로 동쪽으로는 페르시아, 서쪽으로는 이집트, 북쪽으로는 이라크와 시리아가 있단다. 좀 더 멀리 가면 터키가 있고…. 아라비아는 사막이 많은 나라야. 그래서인지 그들은 외세의 침략 대상에 포함되지 않았지. 불모의 땅을 탐낼 사람은 없으니까. 그래서 아라비아 사람들은 유목민, 여행자, 상인이 많아.

이런 불모지에서 이슬람교가 탄생했단다. 우리가 알고 있는 기독교, 불교와 같은 다른 종교보다 늦게 만들어졌지. 하지만 하느님을 믿는 것은 기독교와 같단다.

이슬람교는 기원전 570년에 1메카에서 태어난 마호메트(무함마드)가 창시했어. 초기에 그가 포교를 시작할 때는 우상 숭배를 배척하는 데 따른 비난의 소리가 여러 곳에서 일어나 메카에서 쫓겨나게 됐지. 그는 포교 활동을 하면서 유일신을 주장하고 자신이 신의 예언자라는 것을 강조했단다.

메카에서 쫓겨난 그는 그를 따르는 사람과 함께 야드리브라는 곳에 은신처를 마련했어. 이 야드리브로의 도망을 아랍어로 '헤지라'라고 해. 무슬림력은 기원후 622년을 원년으로 삼았지.

당시 유럽의 상황을 보면 서로마 문명은 변화를 맞이하고 있었단다. 서로마는 사산조 페르시아와 잦은 전쟁을 했고, 동로마 제국은 그래도 번영하고 있었어. 페르시아에서는 내부적으로 문제가 일어났어. 그리고 종교적인 면에서는 기독교가 부패해 있었단다. 7세기 초에는 페스트가 전 유럽에 번져 수백만 명의 사람이 죽었어. 인도는 북인도가 멸망해 그 세력이 약해졌고, 북인도 사람들은 전 세계로 흩어졌는데, 이들이 집시의 조상이란다.

많은 어려움을 겪고 난 후 마호메트는 메카로 돌아오게 됐어. 그는 야드리브에서 세계 각국의 왕에게 자신이 주장하는 유일신과 그 예언자의 승인을 권고했지. 그는 동포애와 무슬림 교도 사이의 일체 평등의 복음을 전파했어. 마호메트는 헤지라 이후 10년만인 기원후 632년에 죽었지만, 그는 수많은 부족을 하나로 통합했어. 그리고 그들이 한 가지 목표를 향하도록 했지. 이슬람의 경전을 뭐라고 하는지는 알지?"

"코란(쿠란)이요."

"맞아. 코란은 마호메트가 610년 이후 23년간 알라에게 받은 계시를 기록한 책이야. 이 계시는 마호메트가 40세경에 현재 사우디아라비아의 히라산 동굴에서 천사 가브리엘을 통해 받았다고 해. 코란은

타지마할

'읽기 또는 읽혀야 할 것'이라는 뜻이고, 신학적으로 풀이하면 '신의 말씀'이라는 의미란다. 그리고 코란의 각 장을 '수라'라고 불러."

"이슬람도 종파가 나뉘어 있었나요?"

"맞아. 이슬람은 대표적으로 수니파와 시아파로 나눌 수 있어. 수니파는 전체 인구의 80~90%, 시아파는 10~20% 정도야. 이 두 종파는 차이점이 있지. 수니파는 수나를 따르는 사람들로, 2하디스를 인정하고, 4명의 정통 칼리프를 지지하는 파란다. 반면, 시아파는 예언자 마호메트의 혈통만이 이슬람의 지도자 칼리프가 될 수 있다고 믿는 종파란다."

1 **메카_** 아라비아 반도 중부 홍해 연안에서 80km 지점에 위치
2 **하디스_** 이슬람법의 4대 원천 중 하나. 코란과 더불어 하디스에 기록된 마호메트의 언행(수나)에 따라 행동함을 삶의 기반으로 한다.

PART 5 근대 유럽 발전에 영향을 미친 종교 | 203

07
이슬람과 기독교의 전투
_ 중세의 시작

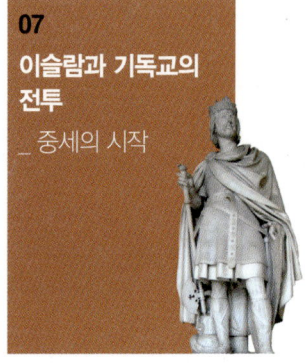

푸아티에 전투가 가지는 의미는 중세의 왕과 신하와의 가신 제도를 알리고, 중세의 시작을 알리는 것이라 할 수 있다. 이슬람의 유럽 진출을 막아 기독교 세계를 수호하였다.

"아빠, 알려주신 이슬람의 코란과 성경은 어떻게 다른가요?"

"기독교의 성경은 약 850년간 여러 사람에 의해 각기 다른 언어로 쓰였어. 반면, 코란은 마호메트 한 사람에 의해 한 장소에서 23년 동안 아랍어로 쓰였지.

이슬람은 다른 종교에 비해 발생 시기는 늦었지만, 만들어지고 나서는 매우 빠른 속도로 퍼져 나갔어. 이슬람은 '인간은 평등하다'는 것을 기반으로 소외된 사람을 중심으로 포교 활동을 했지. 소외된 사람의 처지에서 보면 매우 충격적인 종교였어. 그래서 소외된 사람을 기반으로 성립됐다고 할 수 있단다."

나는 이야기를 계속 이어 나갔다.

"이런 이슬람이 확산되면서 이슬람 제국은 638년에 예루살렘을 함락했어. 당시 초대 교회의 중심이던 안티오키아, 알렉산드리아가 이슬람 제국에 점령당했지. 651년 이슬람 제국은 동로마 제국과 사

사건건 싸웠던 사산왕조 페르시아를 단숨에 멸망시켰단다. 그러고 보니 가장 가까운 국경을 접한 동로마 제국이 첫 번째 타깃이 됐지."

"이 시기 동로마 제국의 상황은 어떠했나요?"

"당시 동로마는 7세기부터 9세기까지 이슬람과의 전투를 계속했어. 그리고 사회적 분위기는 동로마의 대토지층이 중소 자유 농민층을 흡수해 빈부 차가 나기 시작했지. 이슬람 제국은 동로마 제국과의 전쟁에서 백전백승했어. 결국 동로마 제국은 콘스탄티노플(현재의 이스탄불)을 중심으로 이슬람 제국에 거의 초토화됐단다. 10년 정도 지났을 때 이집트 알렉산드리아에 이어 아프리카 북부가 이슬람 제국의 땅이 됐어. 지금 아프리카 대륙의 많은 나라의 종교가 이슬람교인 것은 바로 이 때문이란다.

711년 [1]타리크 이분 지야드가 이끄는 이슬람 군대가 이베리아 반도에 상륙했어. 당시 이베리아 반도에는 [2]서고트족이 살았지. 이를 통해 현재 이슬람 제국이 어디까지 왔는지 알 수 있어. 이슬람 제국은 순식간에 이들을 정복하고 다시 북상하기 시작했어. 현재 프랑스와 국경을 접하고 있는 피레네 산맥을 넘어 유럽의 중심인 프랑크 왕국으로 진격했지."

"프랑크 왕국은 서로마 제국이 멸망하고 나서 세워진 왕국 중 하나 아닌가요?"

"맞아. 이때 카를 마르텔이 등장했지. 마르텔은 '망치'라는 의미야. 그는 프랑크 왕국의 동쪽 지방인 아우스트라시아의 궁재였어. 아우스트라시아, 네우트리아, 부르군트 3개로 나뉜 프랑크 왕국을 지배했지.

이슬람 제국이 침입했을 때 이들 프랑크 왕국의 상황은 매우 혼란스러웠어. 8세기 초반은 정치적으로 매우 혼란스러운 대공위 시대였단다."

"대공위 시대가 뭐예요?"

"왕이 없거나, 왕이 있더라도 힘이 전혀 없던 시대를 말해. 당시 프랑크 왕국은 왕이 정치를 담당하지 않고, 지방 귀족들이 가장 많이 지지하는 귀족이 일종의 재상인 궁재가 돼 힘을 발휘했어. 왕의 힘이 약한 이유는 권력 다툼이 많아 왕이 자주 바뀌었기 때문이란다. 그리고 이 시기는 중세 봉건 제도가 서서히 시작되는 시기이고, 권력이 지방으로 분산되는 분권화 현상이 나타나기 시작한 시기이기도 하단다.

이렇게 정치적으로 혼란스럽고 왕의 힘이 약할 때 이슬람 군대는 프랑스와 스페인의 국경 역할을 하는 피레네 산맥을 넘어 지금의 프랑스 보르도에 도착해 초토화한 후 튀르 지방으로 진격하지. 이때 프랑크 왕국의 궁재를 맡고 있었던 사람이 카를 마르텔이었어. 그는 732년에 군대를 이끌고 튀르의 푸아티에 평원에서 치열한 전투를 벌였어. 이 전투를 통해 카를 마르텔은 기마병이 강한 이슬람군에 대항하려면 보병 중심의 프랑크 군제를 개혁해야 한다고 느껴 프랑크 기병대를 조직해 이슬람군을 격퇴함으로써 존경과 권력을 얻었단다. 그리고 기사의 병역을 부담하는 가신에게 교회령을 몰수해 봉토를

이스탄불 오르타코이 모스크

쳤어. 이것은 중세의 왕과 가신 제도를 알리는 동시에 중세의 시작을 알리는 것이기도 했지. 이 전투의 승리자는 카를 마르텔이었고, 그는 프랑크 왕국뿐만 아니라 유럽 전체의 영웅이 됐단다."

1 **타리크 이븐 지야드_** 에스파냐를 정복한 이슬람군의 지휘관. 1만 2,000명의 이슬람군을 지휘해 서고트 로데리크왕의 대군을 격파하고, 코르도바, 톨레도 등의 도시를 함락했다.

2 **서고트족_** 민족 대이동 시대에 활약한 게르만의 한 부족. 고트파의 분파

TIP

밀라노 칙령

'밀라노 칙령'은 313년 2월에 로마의 서방을 다스리던 콘스탄티누스 1세와 제국의 동방을 다스리던 리키니우스가 밀라노에서 협의한 정치 조약의 결과로, 종교적인 예배나 제의에 대해 로마 제국이 중립적 입장을 취한다는 내용의 포고문이다.

기독교는 로마 제국에서 311년 갈레리우스가 내린 칙령에 의해 이미 합법화돼 있었지만, 이 밀라노 칙령은 311년의 칙령에서 한 발 더 나아가 소극적 의미의 기독교 보호에서 적극적 의미의 기독교 보호 내지 장려를 의미하게 됐다. 밀라노 칙령으로 인해 기독교는 탄압받는 입장에서 로마 황제의 비호를 받는 입장으로 크게 격상됐으며, 콘스탄티누스 1세는 기독교를 장려한 최초의 로마 황제가 됐다.

니케아 공의회

니케아 공의회는 소아시아 비티니아주 니케아에 동서 교회가 함께 모여 개최한 세계 교회 회의이다. 니케아 공의회는 총 2차에 걸쳐 열렸다. 제1차 공의회는 콘스탄티누스 1세가 소집했으며, 회의의 목적은 예수 그리스도의 신성을 부정하는 아리우스파를 이단으로 단죄해 교회의 분열을 막고, 로마 제국의 안정을 이루기 위한 것이었다. 이 공의회는 아리우스를 추방하는 한편, 성자가 성부와 완전히 동등함을 나타내기 위해 성서에 없는 단어인 '호무시오스('본질상 같은'이라는 뜻)'를 니케아 신경(信經)에 포함시켰다. 콘스탄티누스 황제가 아리우스를 추방한 이유는 교회와 국가의 공고한 유대와 교회의 일에 세속의 후원이 중요함을 만천하에 보여주기 위함이었다. 이 공의회에서는 이외에도 부활제의 시기, 성직자의 직위, 공적인 참회, 분열자들과 이단자들에 대한 세례, 예배의식의 규정, 속죄 및 사제 제도 등을 논의했다.

제2차 공의회는 787년 동로마 제국의 황후 이레네 2세가 총대주교 타라시우스를 책동해 소집했다. 이 회의에서는 성화상 숭배 금지 등 총 20개 조가 의결됐다.

PART 6

유럽의 변화를 가져온 새로운 사상과 **철학**

유럽은 피렌체의 메디치 가문, 르네상스 그리고 인쇄술, 종이, 나침판, 화약의 발명, 신항로, 프랑스 대혁명 그리고 영국의 산업혁명으로 많은 변화를 거친다.

피렌체 두오모성당

01
피렌체 그리고 메디치가
_ 르네상스의 중심에는 메디치 가문이 있다

피렌체는 시저가 퇴역 군인들에게 땅을 분할해주고 로마군의 병참 기지 역할을 하면서 시작됐다. 이 도시에서 메디치 가문의 예술과 과학, 인문학에 대한 관심으로 인해 르네상스가 시작됐다.

아들은 서재에 놓여 있는 엽서의 사진을 보고 예쁘다고 말했다.
"여기가 어딘 줄 아니?"
"음, 알 것 같기도 하고…."
"여기는 바로 피렌체에 있는 미켈란젤로 광장이란다. 이탈리아 피렌체에 있는 미켈란젤로 광장에서 바라다보는 피렌체의 풍경은 정말 아름다워. 붉은 돔과 베키오 다리, 아르노강은 붉은색과 황토색의 자연스러운 조화 속에 자리 잡고 있거든. 그리고 도시 속으로 들어가면 매우 오래전에 번영했던 역사가 있지. 르네상스 하면 떠오르는 도시는 피렌체이고, 그곳의 심장에는 메디치라는 가문이 있단다.

많은 여행객들은 이탈리아 하면 로마를 떠올리지. 하지만 문화의 도시라 불리는 토스카나 지방의 피렌체는 이탈리아뿐만 아니라 유럽 역사에서 빼놓을 수 없는 도시이기도 하단다. 또한 '냉정과 열정 사이'라는 영화의 배경이 됐던 곳이기도 하지."

바티칸 정문에 새겨진 미켈란젤로와 라파엘로

아들은 고개를 끄덕였다.

"피렌체라는 도시는 카이사르(시저)가 퇴역 군인들에게 땅을 분할해주고 로마군의 병참 기지 역할을 하면서 시작됐다고 해. 미켈란젤로 광장에 올라가 내려다보는 피렌체는 꽃의 도시라는 명칭에 걸맞게 붉은색으로 물들어 있지.

아르노강에 걸쳐 멀리 보이는 '폰테 베키오'라는 다리는 말 그대로 오래된 다리라는 의미야. 이곳은 이전에 푸줏간, 가축 처리장, 대장간 등이 모여 있어 소음과 악취가 진동했다고 해. 하지만 1593년 페르디난트 1세에 의해 정리된 후에 보석상이 들어섰어. 이 다리는 우피치 궁전과 강 건너의 피티 궁전을 연결하는 교량 역할을 했어. 다리의 위쪽은 귀족과 상인, 아래쪽은 서민이 걸어 다녔다고 해.

지금은 보석상이나 미술품 거래상이 길게 늘어서 있단다. 또한 [1]단테가 사랑한 여인 베아트리체를 만난 곳으로 유명하고, 제2차 세계대전 때도 파괴되지 않은 곳이기도 해.

구시가 중앙에는 돔이 솟아오른 두오모 성당이 있어. 여기서 시뇨리아 광장까지는 도보로 5분 거리야. 이곳에는 피렌체의 메디치 가문의 흔적이 있는 베키오 궁전과 우피치 미술관이 있어."

"아빠, 메디치 가문에 대해서도 이야기해주세요."
"메디치 가문은 이탈리아 토스카나 지방 출신으로 14세기 이후 피렌체의 지배 가문으로 자리 잡았단다. 피렌체의 시뇨리아 광장에 가

폰테 베키오 다리

보면 코지모 메디치의 동상이 있고, 그들의 흔적이 여러 곳에 남아 있어.

일반적으로 메디치 가문을 이야기할 때는 조반니 디 비치데 메디치(1360~1429)부터 시작하지. 메디치 가문의 본격적인 출발은 조반니 메디치가 피렌체에 메디치 은행을 설립한 14세기 후반으로 거슬러 올라가. 이렇게 메디치 가문은 은행업을 시작으로 기반을 다져 나갔어. 조반니 메디치는 코시모와 로렌초라는 두 아들을 뒀는데, 이 두 아들 역시 메디치 가문을 이야기할 때 빼놓을 수 없는 인물이란다.

1439년 피렌체 종교 회의를 계기로 동방의 비잔틴 사상과 플라톤 사상이 들어오게 되지. 이 종교 회의는 메디치 가문이 새로운 사상을 접하는 계기가 됐어. 바로 플라톤 사상이란다. 이것은 앞으로 일어날 르네상스와도 연결되지. 만일 메디치 가문이 이러한 사상을 접하지 않았다면 오늘날의 르네상스는 없었을 거야.

당시 중세 유럽 사상의 근본이 된 것은 아리스토텔레스의 철학으로, 중세 기독교에 매우 많은 영향을 미쳤어. 중세 기독교는 그의 관념론을 받아들여 신학 체계를 세웠지. 이러한 중세의 기본 철학에 반하는 새로운 철학을 메디치 가문이 접하게 됐던 것이란다. 그게 바로 플라톤의 '이데아'야. 이데아는 궁극적인 보편성을 추구함으로써 인간의 새로운 가능성을 제기하지. 플라톤의 이데아론은 겉으로 드러난 사물은 허상에 불과하다고 생각했어. 즉, 사물의 이면에는 영원불멸의 이데아가 존재한다는 것이지. 아름다움이나 선함 등이 대표적인 예란다.

이러한 플라톤의 사상에 자극을 받은 코시모는 피렌체 인근에 플라톤 아카데미를 개설해 새로운 사상을 받아들이고, 이를 다른 유럽 세계로 전파했어. 메디치 가문은 당시 인문학자이자 신학자였던 [2]마르실리오 피치노를 기용해 플라톤 전집을 라틴어로 번역하도록 지원했지. 그리고 메디치 가문은 동로마 제국이 오스만 제국에 의해 멸망할 때도 그들이 가진 그리스에 관한 자료를 갖고 와 보존했고 학자들을 받아들였어. 그 덕분에 헬레니즘에 관한 많은 자료를 보존할 수 있었단다.

조반니 디 비치데 메디치의 두 아들 중 코시모는 가문의 번영을 더욱 강화했고, 로렌초는 생전에 '위대한 자'라는 칭호를 얻었어. 그는 예술에 대한 이해가 깊었던 예술가들의 후원자였지. 그가 후원했던 대표적인 예술가가 바로 그의 양아들인 미켈란젤로야.

로렌초의 아들 조반니는 교황 레오 1세가 됐어. 그리고 큰아들 피에로는 슬하에 아들 1명을 뒀는데, 아들의 이름 또한 로렌초 2세였어. 로렌초 2세는 딸 하나를 뒀는데, 그녀는 프랑스왕 앙리 2세와 결혼한 카트린이지. 그녀의 아들 4명 중 3명은 프랑스 왕이 됐어. 프랑스로 시집간 카트린에 의해 포크와 나이프의 식사 예법이 유럽으로 확산됐단다.

메디치 가문은 예술과 과학, 인문학에 대한 가문의 전통적인 관심을 지속시킨 새로운 지배 가문이었어. 예술가들을 후원함으로써 르네상스에 다가가는 길을 좀 더 가속화했지. '르네상스에는 피렌체가 있고, 피렌체의 심장에는 메디치 가문이 있다.'라는 말은 메디치 가

코시모 메디치 기마상

문이 열성적으로 예술, 과학, 인문학 등을 후원했다는 의미란다."

아들은 종이에 무언가 끄적거리면서 "메디치 가문이 후원한 사람 중 유명한 사람은 누구인가요?"라고 물었다.

"메디치 가문은 갈릴레오 갈릴레이를 후원해 천문학 발전에도 공헌했어. 근대 정치학의 아버지라 불리는 니콜로 마키아벨리는 '군주론'을 메디치 가문에 헌정했지. 오페라가 탄생한 곳도 메디치 가문의 궁정이었단다.

그의 후손들은 1700년대에 이르도록 대공의 지위로 피렌체와 토스카나를 지배했지만, 코시모 2세(1590~1621)에 이르러 쇠퇴의 기운이 일기 시작했어. 메디치 가문의 가계는 코시모 3세의 딸 안나 마리아 루이사(1667~1743)가 죽으면서 단절됐다고 해.

메디치 가문은 4명의 교황을 배출했고, 유럽의 왕가와 혼인을 맺어 3명의 왕을 배출했어. 가장 중요한 것은 중세를 벗어나 르네상스로 가는 시점에서 매우 많은 영향을 미친 명가라는 것이란다."

1 **단테 알리기에리_** 1265~1321, 피렌체 출신의 이탈리아 시인. 주요 작품으로 '신곡', '향연', '새로운 삶', '토착어에 대해' 등이 있다.

2 **마르실리오 피치노_** 1433~1499, 이탈리아의 철학자, 인문주의자, 신플라톤주의자. 플라톤 아카데미를 이끌었다.

피렌체 산타크로체 성당

02 르네상스와 발명품
_고전 문화의 부흥

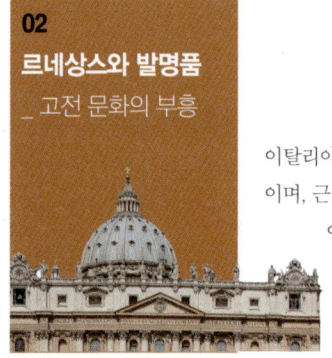

이탈리아 르네상스의 특징은 문예 지향적이고 인문주의적이며, 근대적이고 세속적이다. 또한 르네상스는 인간 중심적이며 현실에 논점을 두고 있다. 이와 더불어 유럽은 네 가지 발명품 화약, 종이, 나침판, 인쇄술에 의해 많은 사회적 변화를 맞이한다. 이러한 변화는 르네상스에 자연 과학과 기술의 발달을 불러온다.

"우리 아들에게 르네상스를 재미있게 알려주려면 어떻게 해야 할까? 르네상스는 유럽 역사에 있어 매우 중요하단다. 오늘은 르네상스에 관해 이야기해보자."

"네. 너무 궁금해요."

"13세기에 들어 봉건 사회와 중세 교회가 쇠락하면서 도시 상인들이 세력을 장악한 사회가 형성됐어. 이런 분위기 속에서 유럽에서는 새로운 기운이 일어났지. 14세기 말부터 16세기까지 고대 그리스·로마의 고전 문화를 부흥시키려는 문화 운동이 진행됐어. 이 새로운 사조를 프랑스어로 '르네상스Renaissance', 이탈리아어로는 '리나시멘토'라 불렀단다.

르네상스의 발원지라 할 수 있는 곳은 바로 이탈리아란다. 이탈리아는 오래전부터 그리스 고전 문화에 많은 영향을 받았지. 하지만 부유해진 신흥 도시 상인들이 문화에 대한 후원을 하지 않았다면 르네상스는 아마도 존재하지 않았을 거야. 그 대표적인 가문이 앞에서 계속 이야기했던 피렌체의 메디치 가문이란다.

십자군 원정의 결과로 지중해 무역을 독점하다시피 함으로써 부유해진 상인들은 문화에 대한 후원을 아끼지 않았어. 큰 세력을 키운 도시들과 그 지배층인 상인들이 르네상스를 가능하게 한 것이지. 대표적인 도시가 피렌체이고, 대표적인 가문은 메디치 가문과 페루치 가문인 거야."

"르네상스의 특징에 관해 이야기해주세요."

"이탈리아에서 일어난 르네상스의 특징은 문예 지향적이고, 인문주의적이며, 근대적이고 세속적인 특징을 갖고 있지. 중세 시대의 특징이 신을 중심에 둔 반면, 르네상스는 인간 중심적이고 현실에 초점을 뒀어. 르네상스는 자연과학과 기술의 발달을 불러와 중세 유럽 사회의 변화를 촉진시켰어. 이에 부응하듯 종이, 화약, 나침반, 인쇄술 등의 발명품이 나타나 중세 유럽을 많이 변화시켰지. 특히 인쇄술의 발명은 르네상스 시대에 매우 많은 사회적 변혁을 가져다줬단다. 1453년 독일의 마인즈에서 구텐베르크가 활판 인쇄술을 발명했어. 하지만 최초의 인쇄술 발명국은 우리나라라는 사실은 알고 있니?"

아들은 고개를 끄덕였다. 나는 이야기를 계속 이어나갔다.

"인쇄술이 발명되면서 책을 값싸고 신속하게 제작할 수 있게 됐어. 즉, 대량 생산을 할 수 있게 된 것이지. 이는 성경을 비롯한 활자 인쇄물이 모든 사람에게 싸게 공급되기 시작했다는 것을 의미해. 그리고 책을 통해 사람들의 자각이 시작됐다는 것을 의미하기도 하지.

종이는 중국에서 발명돼 서유럽으로 전파됐어. 14세기에는 서유럽 각지에 종이 공장이 생겨났지. 이전의 기록 매체였던 양피지는 점차 자취를 감추게 됐단다."

"종이는 어떤 역할을 했죠?"

"종이는 15세기 이후 발전한 인쇄술과 함께 지식의 대중화를 주도했어. 종이와 인쇄술로 책을 만들어 보급하여 누구나 손쉽게 지식에 접근할 수 있게 된 것이지. 지금의 인터넷처럼 정보의 원활한 소통이 보다 나아졌음을 의미해. 그럼으로써 종교 개혁이 일어나고 지식의 대중화가 일어났단다."

"지식이 대중화되면 현실 비판 의식이 생기지 않나요?"

"좋은 지적이야. 인쇄술이 발명되기 전 중세의 모습을 보면 성경은 고위 성직자의 전유물이었어. 일반 신도는 강의와 설교에만 의존했지. 하지만 인쇄술의 발명으로 성경은 영어, 독일어뿐만 아니라 여러 언어로 번역돼 많은 사람에게 보급됐어. 결국 많은 사람이 읽을 수 있게 된 것이지.

인쇄술과 종이의 발명은 1870년 통일된 독일이 탄생하는 데도 크게 기여해. 왜냐하면, 크고 작은 영주국들이 서로 다른 방언을 사용했는데 독어 성경 덕분에 표준어가 생겼고, 언어의 통일은 국가의 통일에도 기여하게 되지. 인쇄술 보급 이후에는 각국에서 자국어로 성경책을 출간했어. 따라서 일반인들도 성경을 읽을 수 있게 됐지. 그래서 이후에 일어난 종교 개혁에 영향을 미쳤어. 최초의 인쇄소는 1417년경 독일 마인츠에 세워졌단다. 그 후 1500년경 구텐베르크의 활자 인쇄술이 발명되자, 유럽 전역에 200개가 넘는 인쇄소가 생겼다고 해."

"이번에는 화약에 대해서 설명해주세요."

"서양에 화약이 처음 전해진 것은 13세기 초 몽골군이 유럽을 침공했을 때야. 이때 몽골군이 사용한 화기를 통해 유럽인들은 화약에 대해 알게 됐지. 이후 화포와 소총을 발명함에 따라 칼과 창으로 싸우던 중세 기사들이 몰락했고, 그에 따라 자연스럽게 봉건 제도도 몰락했어.

나침반은 종이, 화약과 함께 중국의 3대 발명품으로 13세기부터 아랍을 거쳐 유럽에 전파됐어. 나침반의 전파는 유럽의 지도를 바꾸고, 지중해 중심 국가들의 쇠퇴를 가져왔지. 포르투갈의 신항로 개척, 에스파냐의 신항로 개척, 네덜란드의 탐험 등으로 인해 국가의 위치가 바뀌었단다. 결과적으로 이러한 발명품들은 유럽에 매우 절대적인 영향을 미치며 유럽을 변화시켰어."

"르네상스 예술이 고전주의적인 특징을 갖고 있는 이유는 뭔가요?"

"고대 그리스·로마의 예술을 모범으로 해 인간과 자연의 아름다움을 사실적으로 묘사했기 때문이란다. 중세가 끝나가면서 예술가들은 사람에게 관심을 갖기 시작했어. 화가나 조각가들은 이전에는 생각지도 못했던 신체의 움직임과 형태 등을 깊이 연구했지. 그들은 당시의 중요 사건이나 고대 그리스·로마 신화 속 장면, 부자들의 초상화들을 주로 그렸단다. 르네상스 시대의 수많은 천재 중 대표적인 예술가로는 천재 중의 천재라 불리는 [1]레오나르도 다빈치, 바티칸의 시스티나 대성당에 '천지창조'와 '최후의 심판'을 그린 [2]미켈란젤로, '성

피렌체 성당

체에 관한 논쟁'과 '아테네 학당'을 그린 [3]라파엘로 등을 꼽을 수 있어. 문학에는 인간의 세속적 삶을 사실적으로 묘사한 보카치오의 '데카메론'이 있지.

르네상스의 건축가들은 고대 그리스와 로마의 양식을 추구했어. 그들은 기둥, 둥근 아치, 중앙의 돔 양식 등을 이용해 건축을 했지. 그리고 과학도 많은 관심을 갖고 발전하게 되는데, 대표적인 인물로는 지동설을 주장한 코페르니쿠스와 갈릴레이 같은 천문학자를 들 수 있어. 이들은 중세의 천동설에서 지동설로 바뀌는 우주관에 큰 영향을 미쳤지.

하지만 신항로의 개척으로 무역의 중심지가 지중해에서 대서양으로 옮겨가면서 이탈리아 르네상스는 서서히 쇠퇴하기 시작해. 이후 16세기에는 르네상스가 알프스 이북을 넘어 전 유럽으로 퍼져나갔어. 이탈리아에 비해 봉건제와 교회의 세력이 강했던 알프스 이북 지역의 르네상스는 종교와 사회를 비판하는 개혁적인 성격을 지니고 있단다."

1 레오나르도 다빈치_ 1452~1519, 화가, 조각가, 건축가, 발명가 등 수없는 호칭이 붙는 천재 중의 천재. 비행기를 세계 최초로 설계하기도 했다.

2 미켈란젤로_ 1475~1564, 화가, 건축가, 조각가로 여러 세기에 걸쳐 위대한 예술가의 한 사람으로 추앙받는다.

3 라파엘로_ 1483~1520, 르네상스의 위대한 화가이자 건축가이다.

03 신항로를 열다
_ 신항로가 유럽을 변화시키다

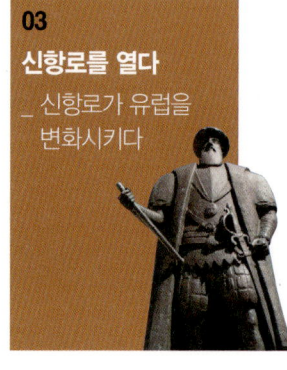

14세기 들어서면서 동방은 새로운 에너지가 일어나는 유럽에 커다란 유혹이었다. 포르투갈과 스페인은 신항로 발견의 선두에 섰다.

"아들, 유럽에서 14세기부터 시작한 대항해에 대해 이야기해볼까? 대항해를 통해 신항로를 찾아낸 이 시기에는 유럽에도 많은 변화가 일어났단다. 우선은 유럽 중세가 몰락했지. 새로운 시대가 등장하면서 봉건 제도와 종교 제도에 대한 불만이 나오기 시작했단다. 그래서 낡은 봉건 계급과 새로운 사실에 눈뜬 신흥 상업 세력인 부르주아 사이에 마찰이 일어난거야.

14세기에 들어서면서 동방은 새로운 에너지가 일어나는 유럽에 커다란 유혹이 아닐 수 없었어. 포르투갈과 에스파냐가 신항로 발견을 위한 선두에 나서게 됐지."

"이때 유럽의 분위기는 어떠했나요?"

"동로마가 막을 내리는 시점이자 오스만 튀르크가 콘스탄티노플을 지배했던 시점이었어. 그 후 50년 정도 지나 에스파냐가 그라나다로부터 마지막으로 사라센인을 쫓아버린 시기였어. 즉, 유럽 땅에서 이슬람이 물러가는 시기지. 그리고 에스파냐 아라곤의 페르디난도와 카스틸랴 이사벨의 결혼으로 에스파냐가 통일된 시기이기도 하단다. 이 시기에 이뤄진 유럽인의 신항로 개척은 그들에게 일대 변화를 가져왔어. 이 시대를 통해 많은 국가에 변화가 있었지. 1등 국가에서 2등 국가로, 2등 국가에서 1등 국가로의 변화가 바로 그것이란다.

신항로 개척의 초창기 주역은 포르투갈의 항해 왕자라 불리던 엔리케였어. 포르투갈의 항해사들은 대서양 탐험에 가장 먼저 나섰지. 포르투갈은 동쪽, 스페인은 서쪽으로 향했단다. 포르투갈은 15세기에 먼저 마데이라와 아소르스 두 군도를 차례로 손에 넣었어. 그리고 이 식민지를 개척해 곡물, 포도, 사탕수수 경작, 목축, 어업 등의 경제 활동에 투입했지. 그 후 그들은 좀 더 빨리 갈 수 있는 배를 개발해 험난한 [1]적도 항해까지 할 수 있게 됐단다.

바르톨로메우디아스의 활약으로 1488년 아프리카 남단의 희망봉에 도달했어. 여기서 그들은 대서양이 인도양이라는 큰 바다와 연결돼 있다는 사실을 알게 됐지. 그리고 또 다른 포르투갈인 바스코 다 가마는 이 발견의 성과를 이용해 희망봉을 거쳐 인도의 말라바르의 캘커타에 도착했어. 이로써 처음으로 포르투갈인이 인도 항로의 열쇠를 쥐게 됐지."

"또 다른 신항로는 없었나요?"

"있었어. 지구의 반대편에서도 커다란 사건이 일어나 스페인이 이익을 취하게 됐단다. 15세기 후반인 1492년, 세계 최초의 벤처 투자자라고 이야기하고 싶은 에스파냐의 이사벨라 여왕은 이탈리아 제노바 출신의 모험가 콜럼버스를 후원했어. 후원을 했다고는 하지만, 실질적으로는 거래를 시작했다고 볼 수 있지. 콜럼버스와의 거래 내역을 보면 평민인 콜럼버스는 이사벨라 여왕에게 자신과 그의 후손들에게 귀족 칭호와 돈을 줄 것을 요구했다고 해. 그리고 발견한 식민지에서 발생하는 수입의 10%와 무역 거래의 8분의 1을 자신의 지분으로 요구했어.

그는 이사벨라 여왕의 후원을 받아 세 척의 범선에 88명의 대원을 이끌고 출발했고, 카리브해 바하마 군도의 한 섬에 닿았어. 그가 도착한 곳은 아메리카였지. 하지만 그는 자신이 인도 어딘가에 와 있다고 믿었단다. 그 후 이탈리아의 아메리고 베스푸치에 의해 콜럼버스가 발견한 인도는 인도가 아니라 신대륙인 것을 알아냈어. 아메리카라는 명칭은 그의 이름에서 나왔단다.

여기서 재미있는 것은 실질적으로 이들보다 먼저 아메리카를 발견한 사람이 있었다는 것이란다. 아메리카를 먼저 발견한 사람은 이미 500년 전에 북대서양을 가로질러 현재의 캐나다까지 도착한 북유럽의 바이킹들이었지."

"그럼 왜 콜럼버스의 이름이 언급되는 거예요?"

"그 이유는 콜럼버스가 아메리카로 향하는 최단 경로를 찾아 대서양을 가로질렀기 때문이야. 에스파냐는 콜럼버스의 항해를 계기로 포르투갈과 에스파냐의 분쟁을 예방하기 위해 교황의 중재로 토르데시야스 조약(1494)을 체결했어. 새로 발견한 땅에 대해 [2]카보베르데 군도 서방 약 1,800km의 자오선을 기준으로 동쪽은 포르투갈령, 서쪽은 에스파냐령으로 상호 양해한다는 내용을 담고 있어.

신항로 개척의 모험가로는 콜럼버스가 발견한 대륙이 인도가 아닌 것을 확인한 아메리고 베스푸치, 브라질을 발견한 포르투갈의 카르랄, 파나마 지역을 횡단해 태평양을 발견한 에스파냐의 발보아, 최초의 세계 일주 항해의 주역인 마젤란을 들 수 있지."

"대항해의 가장 큰 동기는 무엇이었나요?"

"경제적 이유란다. 많은 부와 상권을 획득함으로써 에스파냐는 유럽의 일류 강대국으로 도약할 수 있는 기반을 마련했지. 이러한 신항로를 통해 일어난 다른 변화는 16세기 유럽 시장의 활성화야. 유럽 각국의 상거래가 증가하면서 부와 자본을 축적한 상인 자본가들이 등장했고, 근대적인 기업 형태와 금융 체계가 발달했어. 15~16세기 유럽인의 항해와 신대륙 발견은 유럽 역사의 일대 전환점이 됐단다."

1 **적도 항해_** 지리적으로 위도 0도선이 지나는 지역
2 **카보베르데 군도_** 북대서양에 있는 카보베르데 제도로 구성된 섬나라

04
프랑스 톨레랑스
_ 낭만과 자유 그리고 관용적인 사회 분위기

톨레랑스는 프랑스의 관용, 아량, 포용력, 너그러움으로 대표되는 관용적인 사회 분위기를 나타내는 단어다.

아들은 무슨 책을 보는지 뒷머리를 긁적였다. 나는 아들을 보고 말했다.

"왜 그러니? 뭐가 잘 안 풀리니?"

"아빠, 톨레랑스가 정확히 뭐예요?"

"톨레랑스?"하고 나는 반문하면서 아들을 바라봤다.

"톨레랑스Tolerance는 관용, 아량, 포용력, 너그러움이라는 의미를 갖고 있는데, 프랑스를 이해하려면 꼭 알아야 하는 단어란다. 어찌 보면 많은 사람이 프랑스를 좋아하는 이유는 낭만적 자유 그리고 톨레랑스로 대표되는 관용적인 사회 분위기를 동경하기 때문이지."

"좀 더 자세히 설명해주세요."

"톨레랑스는 한마디로 프랑스의 정신이라고 볼 수 있단다. 1598년 [1]낭트 칙령에서 시작됐는데, 당시 프랑스 사회는 신교와 구교 간의 종교 전쟁으로 내분돼 있었어. 백성들은 왕이 믿는 신앙을 무조건 따

230 시간으로의 여행: 유럽을 걷다

라야 했고, 왕의 종교 이외의 다른 종교는 이단이 됐기 때문에 종교를 둘러싼 구교와 신교의 갈등은 매우 심했단다. 여기에서 구교는 가톨릭, 신교는 개신교란다. 그 당시 왕위에 오른 [2]앙리 4세는 갈등을 수습하기 위한 묘안으로 신교에서 구교로 개종했어. 그는 구교 이외의 이단은 엄벌한다는 조항을 없애는 칙령을 발표했고, 신교 역시 허용한다고 선언했어. 이로써 프랑스가 유럽에서 최초로 개인이 자신의 종교를 선택하는 신앙의 자유를 가진 나라가 됐지. 이렇게 톨레랑스는 타인에게 나와 다른 종교를 선택할 자유를 허용하고 이를 용인하는 종교적 관용에서 출발하지만, 이러한 화합을 위한 결정은 예기치 못한 비참한 결과를 가져왔단다."

"톨레랑스는 결국 종교로부터 시작된 거네요. 그런데 비참한 결과라뇨?"

"그렇지. 칙령이 발표된 지 12년 후 구교로 개종한 앙리 4세는 광신적 신교도에 의해 살해됐단다. 그 후 루이 14세가 낭트 칙령을 폐지하면서 수십만 신교가 학살을 당한단다."

나는 아들에게 통합의 톨레랑스는 오히려 피의 역사로 연결됐고, 이러한 비극적 경험을 통해 프랑스인들은 폭력적인 방법으로 자신의 입장을 타인에게 강요하는 방식에 대해 회의를 품게 된다고 이야기를 덧붙였다.

"이때 사상적으로나 문학적으로 유명한 인물이 나오는데, 바로 작가 '볼테르'란다. 이런 회의감과 분위기 속에서 톨레랑스는 볼테르의 노력으로 프랑스 사회에 깊이 자리 잡게 돼. 반복된 종교적 갈등을 목격한 볼테르는 '관용론1763'을 내놓으면서 종교적 이유로 타인을 박해하는 행위가 얼마나 잘못됐는지를 지적한단다. 볼테르의 사상은 종교 문제에만 머물지 않고 나와 다르다는 이유로 타인을 말살하는 모든 폭력적 행위에 대해 반발하는 개념으로 확대되지. 즉, 나와 다른 종교, 생각을 가진 상대를 인정하고 그들과 함께 공존하려는 시도이자 개인의 자유를 억압하는 시도에 대해 굴복하지 않고 대항하는 것을 의미한단다."

나는 아들에게 이 볼테르의 사상은 다른 계몽주의 철학과 함께 프랑스 혁명에 큰 영향을 미쳤고, 프랑스는 이러한 역사적 과정을 거치면서 현재의 톨레랑스가 완성된 것이라고 이야기했다.

"프랑스 혁명 당시 18세기 프랑스는 시민들에게 갖은 제약과 과도한 세금을 부과했지만, 귀족과 지배층은 토지와 관직을 독점하며 면세 혜택을 누렸어. 시민들은 자신을 억압하는 사회 체제가 부당하다고 생각해 기존 왕정 체제를 전복하고 시민이 주체가 되는 공화정 수립하는 혁명을 일으켰지. 혁명을 통해 프랑스는 자유, 평등, 박애를 바탕으로 하는 새로운 사회 체제를 세운단다. 혁명 이후 권력을 잡은 로베스피에르는 농민의 세금 부담을 없애는 등 개혁 조치를 취하지만, 혁명에 반대하는 사람들 모두 죽였어. 혁명은 공포 정치로 이어지고, 결국 외국과의 전쟁에서 힘을 키운 나폴레옹의 쿠데타로 공화정 체제가 무너지지. 프랑스 혁명의 비극적 결말은 다른 생각, 사상, 철학을 가진 이들을 제거하는 극단적 방식이 정답이 아니라는 것을 깨닫는 또 한 번의 계기가 됐단다. 이후 프랑스 사회에서 서로 생각이 다르더라도 이를 상대에게 강요하지 않고 토론, 설득하려고 노력해야 하며, 자신의 의견이 존중받기 위해서는 타인의 의견을 존중해야 한다는 인식이 확산된단다."

나는 아들에게 시대적 배경을 제2차 세계대전으로 바꿔보자고 제안하고, 이 시기의 나치, 레지스탕스 샤를르 드 골, 사르트르 등의 인물들에 관해 이야기했다.

"제2차 세계대전 초기, 프랑스는 히틀러의 나치에 점령당했고, 샤를르 드 골 등과 같은 레지스탕스는 망명 정부를 세워 독일, 프랑스 내 나치 부역자 및 협력자들과 싸워야 했는데, 이 과정에서 프랑스를 해방시키기 위한 레지스탕스의 움직임은 인권을 멸시하는 파시즘, 나치즘 등 전체주의에 맞서는 세계적 저항 운동이 된단다."

"레지스탕스라는 말의 의미는 '저항'인가요?"

"맞아. 제2차 세계대전 승리 후 프랑스 사회는 나치콜라보를 숙청하는 한편, 프랑스 혁명의 기치인 자유, 평등, 박애를 바탕으로 하는 다양성, 개인의 자유가 존중되는 나라를 만들기 시작하지만, 알제리 독립 운동이라는 또 다른 갈등을 겪었어. 프랑스는 자유와 다양성을 존중한다고 말했지만, 자신의 식민지 알제리에서 일어난 독립 운동에 대해선 부정적 입장을 보였어. 특히, 강력한 권력을 가진 프랑스 군부는 강경한 입장을 보였고, 결국 프랑스에 독립을 요구하는 알제리인들을 무력으로 제압하려 했지. 이에 사르트르를 비롯한 지식인들은 알제리 독립 운동을 지원했고, 시민들 사이에서도 알제리의 독립을 인정해야 한다는 목소리가 터져 나왔어. 사회를 양분하며 치열한 갈등을 만들었던 알제리의 독립 사태는 정치인 샤를르 드 골의 결단으로 마무리됐단다.

샤를르 드 골은 알제리의 독립을 도운 사실이 드러난 사르트르를 처벌해야 한다는 참모들의 주장에 대해 생각이 다르다는 이유로 그를 처벌할 수 없다며 전 세계에 톨레랑스의 진수를 보여줬어. 드 골은 알제리의 독립을 용인하는 결단을 내리며 사회 갈등 수습에 성공했지.

이후에도 프랑스 사회는 68혁명을 겪는 등 사회적 갈등은 계속됐어. 이처럼 반복된 사회의 갈등을 지켜본 학자들은 프랑스 사회가 톨레랑스와 반톨레랑스의 기로에서 톨레랑스를 선택하며 조금씩 성숙해왔다고 생각해. 즉, 프랑스 역사는 끊임없이 나와 다른 타인을 존중하고 타인과 토론하며 다양성을 확장해 가는 과정이었고, 톨레랑스는 갈등의 순간에서 타인과 공존하기 위해 프랑스 시민이 선택한 사회적 결단이자 프랑스 사회의 공적 이야기라고 할 수 있단다."

"이러한 것에 대한 위기는 없었나요?"

"위기가 없을 수 없지. 계속된 경제 침체 속에서 늘어난 이민자로 인한 사회 불안이 가중되자, 일부 정치인은 톨레랑스 제로를 선언하기도 했단다. 이민자에겐 관용을 베풀어선 안 된다고 주장하기도 했지. 이민자 폭동, 파리 테러 등을 겪으면서 이 주장에 더 힘이 실리는 듯했어. 그러나 동시에 시민들은 총 대신 책으로 테러와 싸운다며 볼테르의 관용론을 다시 읽기 시작해 베스트셀러가 되는 현상을 겪기도 한단다. 또한 무기가 아닌 꽃을 들고 거리에 나왔으며 광장에서 '나는 무슬림이지만 테러범은 아니다'라고 말한 무슬림 청년을 껴안

왔어. 이는 여전히 프랑스에서 톨레랑스가 작용한다는 것을 의미한단다."

나는 아들에게 우리에게도 이러한 볼테르 같은 작가와 톨레랑스가 있으면 좋겠다고 말했다.

1 **낭트 칙령_** 앙리 4세가 1598년 4월 13일 선포한 칙령. 프랑스 내에서 가톨릭 이외에도 칼뱅주의 개신교 교파인 위그노의 종교적 자유를 인정했다.
2 **앙리 4세_** 프랑스와 나바르 왕국의 왕으로, 카페 왕조의 분가인 부르봉 왕가 최초의 왕이다. 당시 프랑스 내의 많은 종교 전쟁을 지휘했고, 1589년 프랑스 왕위에 오른 후에는 믿음의 자유를 부여하는 낭트 칙령을 반포해 내전을 종식시켰다.

05
프랑스 혁명
_ 특권의 폐지 그리고 인권 선언

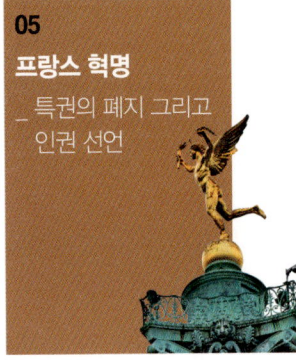

1789년에 시작돼 1794년까지 5년 동안 행동으로 보여줬던 시민 혁명이 바로 프랑스 혁명이다. 군주제를 철폐했고, 봉건 제도와 교회의 특권도 폐지됐다.

"아들, 바스티유 감옥에 대해 들어본 적 있어? 바스티유 감옥은 프랑스 혁명 때 민중에 의해 파괴됐어. 혁명이라는 단어는 끝없는 변화를 가져오는 단어인 것 같아. 국가적인 변화도 있지만 인간 마음속에서 일어나는 혁명, 즉 마음의 변화도 있기 때문이지. 혁명은 귀족들이나 정치인들에 의해 만들어진 것이 아니라 현실적으로 간절한 사람들에 의해, 즉 배고픔이나 소외된 사람 속에서 나오는 것이란다. 물론 프랑스 혁명도 그러했단다.

오늘은 프랑스 혁명에 관해 이야기해보자.

1789년에 시작돼 1794년까지 5년 동안 프랑스 시민들이 행동으로 보여줬던 것이 바로 프랑스 혁명이란다. 프랑스 민중은 국민 의회를 통해 군주제를 철폐시켰고, 봉건 제도와 교회의 특권도 폐지시켰지. 혁명 초기에는 매우 많은 사람이 주도권을 잡으려고 했지. 왕당파, 온건 자유주의파, 지롱드파, 자코뱅파 등이 그러했단다. 진실로 민중을 위한 사람도 있었지만, 권력을 목적으로 한 사람도 있었을 거야.

　왕당파는 다시 이전으로 회귀해 루이 16세의 후를 이어 절대 군주를 받아들이겠다고 했고, 온건 자유파는 헌법을 만들어 국왕을 제안 군주로서 존속하게 할 것을 주장했다. 또한 영국과 미국을 모방해 헌법 확립을 주장하기도 했지. 그들은 한동안 의회의 주도권을 갖고 있단다. 공화주의자 지롱드파, 보다 급진적인 자코뱅파 등 거의 모든 당이 서로 주도권을 잡기 위해 싸움을 했어. 프랑스 혁명이 일어나자 유럽 열강들은 프랑스를 예의주시했단다."

　"왜 그렇게 다른 나라들이 신경 쓴 건가요?"

　나는 "글쎄, 왜일까?"라고 되물었다.

　아들은 머리를 긁적였다.

　"왜냐하면, 이러한 프랑스 혁명의 불똥이 자기 나라에 튀지 않을까 걱정했기 때문이지. 유럽에서 민주주의가 다른 나라보다 일찍 발전한 영국도 의회제 국회를 갖고 있었지만, 귀족들이 우위에 있었기 때문에 시민들이 폭발할까 봐 겁먹고 있었어.

　프랑스 국민의회는 여러 특권 제도를 폐지한 후 1789년 8월 26일 국민으로서 누려야 할 권리에 대해 '인간과 시민의 권리 선언'이라는 명칭으로 선포한 '인권 선언'을 통과시켰어. 1791년 6월 21일 국왕 루이와 왕비 마리 앙투아네트가 도망을 치다가 베르됭 가까이 있는 바렌에서 농부에게 붙잡혔지. 왕과 왕비의 이런 행동을 본 파리 시민들의 감정은 고조됐단다. 하지만 무지한 정부와 국민 의회는 왕가를 보호하려고만 했어. 당시 자코뱅당은 시민들 속에 뿌리를 박고 세력을

바스티유 광장의 7월 혁명 기념탑

강화했어. 루이는 이러한 사건이 있고 난 뒤 명목상 국왕 자리에 앉아 있었지.

    1792년 시민은 왕궁을 습격했고, 왕은 스위스 용병을 통해 총격을 가했지만, 승리는 시민에게 돌아갔어. 도시 자치 단체인 코뮌은 의회를 누르고 국왕을 폐위시켜 감옥에 가뒀단다. 1793년 1월 21일 프랑스 왕정이 저지른 죄를 물어 루이 16세의 목을 기요틴에 매달았어. 그리고 그의 부인 마리 앙투아네트는 10월 26일 국고를 낭비한 죄와 오스트리아와 공모해 반혁명을 시도했다는 죄목으로 처형됐단다. 루이가 처형된 후 프랑스는 급격한 변화를 겪었어."

주

1 기요틴_ 단두대. 죄수의 목을 자르는 사형 기구인 단두대를 발명한 사람의 이름

06
영국의 산업혁명
_ 중세 봉건 사회의
  변화를 촉진하다

역사적으로 1765년 제임스 와트가 발명한 증기 기관은 아주 중요한 역할을 했다. 영국은 이 기술을 여러 분야에 응용해 발명과 기술을 만들어냈다. 이러한 발명품과 노동력이 합쳐져 산업혁명을 이룰 수 있었다.

"아들, 영국의 산업혁명은 두 가지로 이야기할 수 있는데, 그것이 무엇일까?"

"잘 모르겠는데요?"

"잘 생각해보렴. 아빠는 기계의 발명과 노예의 유입이라고 생각해. 우선 기계의 발명은 생산 방법에 거대한 변화를 줬단다. 또 흑인 노예를 데려와 노동력을 확보한 것도 산업혁명을 이루는 데 한몫을 했단다.

1732년 직기용 자동 베틀을 만들면서부터 방직 산업계의 능률은 눈에 띄게 향상됐어. 실을 생산하는 쪽에서도 제니 방적기라는 것이 발명돼 공급량이 늘어났지. 더불어 직물 소비도 늘어났단다. 직물 산업의 두 가지 요소인 방적과 방직이 모두 기계화됐기 때문이야. 이것이 영국 산업혁명의 시작이라 볼 수 있어.

또 다른 부분에서도 영국의 산업혁명에 도움을 줬는데, 바로 흑인

방적기

노예의 노동력이란다. 당시 수많은 배가 흑인 노예를 실어 날랐다니 노예 무역을 통해 얼마나 많은 부를 축적했는지 짐작할 수 있을 거야.

이에 앞서 영국은 17세기 후반 시민혁명 후 자본과 노동력을 확보했어. 시민혁명의 주체는 막대한 부를 축적한 신흥 상업인들이었고, 이들은 새로운 기계를 만드는 데 투자를 아끼지 않았지. 그 결과 다양한 발명품이 나오게 된단다. 그중에서도 1765년에 제임스 와트가 발명한 증기기관은 매우 중요한 역할을 했고, 영국은 이 기술을 여러 분야에 응용해 관련 발명품 및 기술을 계속 만들어냈어. 이렇듯 자본과 노동력 그리고 발명품이 함께했기에 산업혁명을 이룰 수 있었던 거지."

아들은 고개를 끄덕였다. 나는 이야기를 이어나갔다.

"다시 농장 이야기로 돌아가보자. 당시 농장주들은 토지를 수탈했어. 대농장주들은 노예를 확보하고 소작인의 경지와 공동지를 합한 대규모 농장을 만들었지. 농토에서 쫓겨난 소작농 대부분은 일자리를 찾아 도시로 왔고, 빈민으로 전락했어. 이들로 인해 영국 도시는 값싸고 풍부한 노동력이 넘쳐나게 됐지.

16세기에 모직물 공업의 원료인 양털의 수요가 급증했는데, 이로 인해 제1차, 2차 ¹인클로저enclosure가 발생하게 됐어. 또한 산업혁명의 발단이 된 면직물 공업이 일어났단다. 기존의 소규모 가내 수공업이 대규모 공장 체제로 변했기 때문이야. 이러한 변화로 공장 주변 지역의 마을과 도시는 급속도로 성장했고, 수많은 사람이 일자리를 찾아 몰려들었지. 이러한 면직물 공업의 발전은 다른 산업의 기계화를 가속화했어.

그러던 중 제임스 와트가 발명한 증기력을 공장 생산에 응용하게 됐지. 1769년 제임스 와트는 증기 기관에 대한 발명 특허를 냈고, 폴턴은 증기선을 만들었어. 1825년 조지 스티븐슨은 최초의 증기 기관차를 선보였어. 이러한 발명으로 인해 석탄 산업도 함께 발전했단다. 증기 기관차는 석탄으로 운행됐기 때문이야. 그리고 석탄 산업은 기계 공업과 철광석을 녹여 분리하는 제철업을 발전시켰어. 석탄 산업이 빠르게 발전하면서 상품 수송을 위해 열차나 선박까지 이용하게 되면서 교통과 통신이 발달했단다. 그래서 발명된 것이 바로 모스의 유선 전신과 벨의 전화란다. 교통과 통신의 발달은 원료와 상품의 수송을 원활하게 해 산업 발달을 촉진시켰어. 산업혁명을 달성한 영국에서는 값싸고 좋은 제품이 대량 생산됐지. 영국의 3대 공업인 섬유, 제철, 석탄 공업은 이렇게 탄생했단다.

이 과정에서 막대한 부를 획득한 사람도 있었지만, 열악한 환경에서 비참한 생활을 해야 했던 사람도 있었어. 기계화와 더불어 숙련공이 많이 나오면서 싼 임금을 받으며 허드렛일을 하던 많은 사람이 일자리를 잃게 된 것이란다. 이렇게 새로운 공장과 기계의 발명은 많은 가내 공업과 노동자들을 쓰러뜨렸어. 노동자들은 품팔이나 실업자로 전락했지.

이러한 사회적 분위기로 인해 19세기 초 영국에는 많은 문제가 나타나기 시작했어. 노동자들의 시위는 계속됐고, 노동 운동이 전개되기도 했지. 또 기계의 발명 때문에 일자리를 잃게 됐다고 생각하는 사람들이 기계를 부수고 발명가들을 살해하는 일도 일어났단다. 반면, 전 세계는 영국 제품으로 넘쳐났어. 당시 세계의 공장이라고 불린 영국은 이러한 경제력을 바탕으로 전 세계에 식민지를 확대함으로써 대영 제국을 만들어 나갈 수 있었지. 영국에서 시작된 산업혁명은 다른 국가에도 영향을 미쳤어."

"그러면 어떤 나라들이 영국의 뒤를 이어 산업혁명의 길로 들어섰나요?"

"19세기 초 프랑스와 벨기에가 뒤를 이었고 그 후 미국과 독일, 이어 19세기 말에는 일본과 러시아가 산업혁명의 길로 들어섰지. 이들 나라에서는 영국에 뒤처지자, 영국이 미처 개발하지 못했던 다른 분야에 주력했어. 바로 강철과 전기 산업이란다. 미국에서는 타자기, 전화, 전구, 재봉틀 같은 물건이 발명됐어. 내연 기관을 발명한 독일은 1876년에 자동차 산업에서 선도적인 역할을 하게 됐지. 그래서인지 현재까지도 자동차 산업은 독일이 주도하고 있단다."

1 **인클로저_** 공유지나 미개간지 등 공동 이용이 가능한 토지에 울타리를 쳐서 남의 이용을 막는 것

TIP

신항로 개척

신항로 개척의 배경으로는 가장 먼저 십자군 전쟁 이후 동방 무역이 부활돼 향료, 비단, 보석과 같은 동방 물산이 유럽에 전해지면서 동양에 대한 관심이 높아졌다는 점, 마르코 폴로가 중국에 다녀와서 쓴 '동방견문록'이 유럽인들의 동양에 대한 호기심을 자극했다는 점, 15세기 중엽 오스만 제국이 비잔티움 제국을 멸망시키고 지중해를 장악해 동방 무역을 방해하자 새로운 항로를 개척하려는 욕구가 한층 강해졌다는 점, 지구가 둥글다는 것이 알려지고, 나침반을 항해에 이용하게 됨으로써 원양 항해가 가능해졌다는 점을 들 수 있다.

신항로 개척에 앞장선 나라는 대서양 연안에 위치해 지중해 무역에서 소외됐던 포르투갈과 에스파냐였다. 이들은 일찍이 통일 국가로 성장해 왕실의 적극적인 지원이 가능했다.

포르투갈의 바스코 다 가마는 아프리카의 남쪽 끝인 희망봉을 돌아 인도에 도착함으로써 인도로 가는 동쪽 항로를 발견했고, 콜럼버스는 지구가 둥글다는 학설을 믿고 서쪽으로 항해해 서인도 제도에 도착했다. 이후 아메리고 베스푸치에 의해 신대륙임이 확인돼 그곳을 '아메리카'라고 부르게 됐으며, 마젤란은 최초로 세계 일주에 성공해 지구가 둥글다는 것을 입증했다.

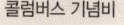
콜럼버스 기념비

신항로의 개척으로 지구상의 여러 지역과 문명이 서로 밀접한 연관성을 맺게 됐으며, 무역의 중심지가 지중해에서 대서양으로 이동하면서 대서양 연안의 국가들이 번영하고, 지중해 주변 국가들이 쇠퇴하게 됐다. 또한 동양으로부터 향료, 후추, 비단 등이 들어오고, 신대륙으로부터 담배, 카카오, 감자 등이 유입돼 유럽인의 일상생활이 바뀌었다. 이 밖에도 아메리카 대륙에서 금·은이 대량 반입돼 물가가 크게 상승했고, 새로 생긴 넓은 시장과 값싼 원료의 공급으로 근대적 기업이 성장하고 금융업과 상공업이 급속히 발전해 중세적 길드가 해체되고 자본주의가 발달하는 계기가 마련됐다.

PART 7

동서 교류의 중심, 오스만 튀르크 제국

오스만 튀르크 제국은 오스만 튀르크 족이 세운 이슬람 제국이다. 이스탄불을 수도로 서쪽의 모로코, 동쪽의 아제르바이젠, 북쪽의 우크라이나, 남쪽의 예멘에 이르기까지 광대한 영역을 지배했던 제국이다.

터키 아나톨리아

01 터키의 역사
_오스만 튀르크의 등장

아시아계 돌궐족인 오스만 튀르크가 비잔틴 제국을 멸망시키고 세력을 계속 확장해 이란, 이집트, 북아프리카를 정복함으로써 유럽, 아시아, 아프리카 3대륙에 걸치는 이슬람 세계의 지배자로 군림했다.

"아빠는 어느 나라를 제일 좋아하세요?"

"글쎄, 상황에 따라 조금은 달라지지만 변함없이 좋아하는 나라는 몇 개 있지. 그중 하나가 터키란다. 이야기를 많이 간직하고 있는 곳이기 때문이야."

"어떤 이야기들이 있나요?"

"여행을 좋아하는 사람이라면 한 번쯤은 터키 여행을 꿈꾸지. 동로마 제국의 수도였던 콘스탄티노플, 동로마의 역사를 간직한 현재 터키의 수도인 이스탄불, 유럽과 아시아를 나눠주는 보스포러스 해협, 자연 그대로의 모습을 간직하고 있는 가파도키아, 지중해의 휴양지 안탈랴, 흑해, 에게해, 고대의 유적이 있는 에페소스, 석회를 포함한 온천수가 있는 파묵칼레, 지하 도시 데린쿠유와 카이막클르, 그리스와 페르시아 신상이 한곳에 모여 있는 넴룻산 등 수없이 많은 이야기와 볼거리가 넘쳐난단다."

"터키의 역사에 대해 알고 싶어요."

"오래전 터키는 소아시아 또는 아나톨리아라고 불렸어. 아나톨리아란 '태양이 솟는 곳'이라는 의미로, 그리스어인 아나토레에서 유래했다고 해. 이곳에 로마가 진출한단다. [1]페르가몬 왕국의 아탈로스 3세가 왕국을 로마에 양도한 것이지. 로마가 아나톨리아를 지배한 기간은 기원전 133년부터 약 100년이 조금 안 된단다. 당시 로마는 에페소를 소아시아의 수도로 정했기 때문에 페르가몬은 옛날의 영광을 다시는 찾을 수 없게 됐지. 에페소는 이오니아인의 고대 도시였어. 에페소의 입구를 들어가 보면 그들의 200년 역사를 느낄 수 있단다. 처음에는 이오니아의 식민지가 돼 그리스 문화, 기원전 6세기엔 페르시아의 지배 등으로 페르시아 문화, 기원전 334년 알렉산더 대왕에게 해방돼 헬레니즘 문화, 다시 로마의 지배를 받음으로써 로마 문명이 번성했어. 이런 역사를 가졌기 때문에 현재의 터키에는 다양한 문화가 복합돼 있단다.

로마 시대에 아시아는 별도의 주로 인정됐어. 로마는 아나톨리아 전체를 소아시아라는 이름으로 하나의 주로 편성했지. 베드로가 서신을 보냈던 소아시아의 비두니아는 기원전 74년, 사도 바울의 고향인 길리기아는 기원전 67년에 로마의 영토에 편입된단다. 소아시아라고 불렸던 현재의 터키는 로마 제국의 통치 아래 최고의 번영을 누렸어. 그래서인지 현재 터키에서 발굴되는 대부분의 유적들이 로마 또는 비잔틴 제국 시대의 것이란다. 비잔틴 제국은 동로마 제국을 말하며, 로마 제국이 둘로 갈라지면서 세워진 제국이야.

블루 모스크

로마 제국은 이전의 카이사르나 아우구스투스, 오현제 시대에 다져 놓았던 전성기를 지나 군인 황제 시대를 맞이하면서 쇠락의 길을 걷게 돼. 당시 북쪽으로는 게르만 민족이 침입했고, 서쪽으로는 갈리아인이 국가를 형성하기 시작했어. 이러한 혼란 중에도 군인 황제 시대인 3세기에는 혼란이 절정에 달하지. 이에 군인 황제인 디오클레이티아누스 황제는 제국을 넷으로 나누고, 두 명의 황제와 두 명의 부황제에 의한 통치를 시작해. 이러한 통치가 계속되다가 콘스탄티누스 황제에 의해 다시 단일 황제가 된단다. 콘스탄티누스 황제는 기독교를 공인하고 기원후 330년 로마의 수도를 비잔티움, 지금의 이스탄불로 옮겼어. 비잔티움은 콘스탄티노플로 명명됐지.

　기독교를 국교로 공포한 테오도시우스 황제가 죽자, 4세기 후반 비잔틴 제국이 탄생해. 그 후 서로마는 기원후 476년에 게르만 용병 대장인 오도 아케르에 의해 멸망하지. 그리고 동로마는 공식 언어를 라틴어에서 희랍어로 바꾼단다. 희랍어 하면 왠지 중동 쪽의 언어처럼 느껴지지만 희랍어는 그리스어를 말해. 즉, 당시의 공용어는 라틴어와 희랍어가 함께 사용됐어."

　"아, 희랍어가 그리스의 언어였구나."

　"비잔틴 제국의 황제이며, 동방정교로부터 성인이라는 칭호까지 받게 되는 유스티니아누스 황제는 초기 비잔틴 제국의 영토를 되찾는데 성공해.

　7세기경에는 중기 비잔틴 제국이 시작되지. 7세기 초반에 아라비아 반도 메카에서 새로운 종교 이슬람이 탄생한 데 이어 이슬람 제국이 힘을 얻기 시작하면서 페르시아는 이슬람 제국에 의해 점령된단다. 이슬람 제국은 동로마의 수도 콘스탄티노플을 점령하기 위해 여러 차례 시도하지만, 성공하지 못했어. 왜냐하면, 물에 약한 유목민인 그들은 보스포러스 해협과 마르마라 바다로 둘러싸인 콘스탄티노플의 자연 조건과 겹겹으로 둘러싼 콘스탄티노플의 성벽을 넘지 못했기 때문이야.

　동로마 제국, 즉 비잔틴 제국은 갈수록 서방 교회와 거리가 멀어지게 됐어. 11세기에 들어서면서 셀주크 튀르크는 비잔틴 제국을 정복했지. 그 후 11세기 후반 십자군 전쟁이 시작돼. 8차까지의 십자군 전쟁 중 4차 십자군 전쟁 때는 콘스탄티노플이 점령당해 약 60년의 기간 동안 십자군에 의해 점령당하는 수모를 겪게 된단다. 그 후 비잔틴 제국은 계속 약화돼 결국은 콘스탄티노플만 남는 도시 국가로 전락해버리지."

아들은 고개를 끄덕이며, 내 이야기에 집중하고 있었다.

"여기서부터 유럽 역사에 있어 빼놓을 수 없는, 유럽 역사를 흔들었던 오스만 튀르크족이 등장한단다. 에페소에서 멀지 않은 곳에 위치한 셀주크 튀르크가 몰락하자, 튀르크계 오스만족은 나라를 건설한 후 당시 지도자 오스만 1세의 이름을 따 '오스만 튀르크'라고 불렀어. 이들은 아시아계 돌궐족이었지. 현재 터키를 가보면 아시아인이라기보다는 유럽에 가까운 모습을 하고 있는데, 중동을 거쳐 그리스를 수백 년간 지배하면서 그들의 모습 또한 변했기 때문이란다. 이후 오스만 튀르크족은 비잔틴 제국을 멸망시키고 세력을 계속 확장해 이란, 이집트와 북아프리카까지 정복함으로써 유럽, 아시아, 아프리카 3대륙에 걸친 이슬람 세계의 지배자로 군림하며 발전했어.

이들은 지리적 이점을 이용해 동서 교류의 중심지 역할을 했고, 그 결과 이들의 문화는 비잔티움 문화와 이슬람 문화가 혼합됐고, 이러한 혼합 문화는 현재까지도 남아 있어. 오스만 튀르크에 의한 비잔틴 제국의 멸망은 천 년의 정교회가 비잔틴에서 종말을 고하는 시기이기도 해. 그래서인지 현재 터키인들은 거의 이슬람교를 믿고 있단다.

유럽 역사를 보면 바다를 차지하고 있는 국가의 힘이 강대했다는 것을 알 수 있어. 오스만 제국 역시 술탄 슐레이만 1세 때 지중해 해상권과 동방 해상권을 장악하면서 무역을 통해 부와 힘을 거머쥐며 전성기를 구가했어.

  수백 년 동안 유럽인이 힘을 합쳐 오스만 제국에 대항해 싸웠지만 그 성과는 미미했단다. 그러던 중 1571년 베네치아, 제노바, 에스파냐로 구성된 신성 동맹의 함대가 펠레폰네소스 반도 북쪽 기슭의 레판토 앞바다에서 오스만 제국의 함대를 대파했어. 이는 실로 중요한 전쟁이었는데, 오스만 제국이 서지중해로까지 세력을 확장하는 것을 저지했기 때문이야. 오스만 제국은 슐레이만 대제 이후 통치권 다툼, 술탄 계승의 내분, 지중해 무역의 쇠퇴 등이 요인이 돼 점점 쇠약해져갔지.

  19세기가 되자, 유럽의 많은 열강은 오스만 제국을 협공해 영토를

현존하는 최고의 비잔틴 건물 성 소피아 성당

무스타파 케말 아타튀르크 동상

분할하려 했어. 당시 오스만 튀르크의 지배를 받고 있던 그리스, 이집트가 독립했고, 발칸 유럽의 여러 나라에서도 독립 운동이 일어났지. 또한 제1차 세계대전에서 독일 편에 섰던 오스만 제국은 전쟁의 패배로 인해 위기를 맞기도 했단다. 이때 터키의 독립 전쟁을 이끈 사람이 '터키의 아버지'라 불리는 무스타파 케말 아타튀르크야. 터키의 초대 대통령이기도 한 그는 터키 사람들이 매우 존경하는 인물로, 이슬람 국가인 터키에 매우 혁신적인 정책을 시행해."

"무스타파 케말 아타튀르크의 대표적인 정책이 뭐죠?"

"그는 이전부터 사용해온 아랍 문자 대신 알파벳을 사용하도록 했어. 그 이유는 어려운 아랍어가 문맹률을 높여 터키의 발전을 저해한다고 생각했기 때문이지. 또 모든 국민의 이름에 성을 사용하도록 했어. 그리고 여성에게도 참정권을 부여해 그들의 지위를 높였지.

이러한 역사를 가진 것이 바로 터키란다. 마지막으로 한 가지 더 이야기하면 오스만 튀르크족의 조상은 우리가 역사를 배울 때 교과서에 여러 번 등장한 돌궐족이야. 시간이 흐르면서 혼혈이 되는 바람에 지금은 서양 사람처럼 생겼지만 말이야. 이들은 초등학교 수업 시간에 자신들의 조상이 돌궐족이라고 배운단다. 그리고 터키인들은 한때 세상을 호령했던 돌궐족이 조상이라는 것을 매우 자랑스러워한다고 해."

주

1 **페르가몬 왕국**_ 터키 이즈미르 북쪽. 오늘날 베르가마라고 불린다.

02
터키의 상징, 이스탄불
_아시아와 유럽을 잇는 동서양의 교차로

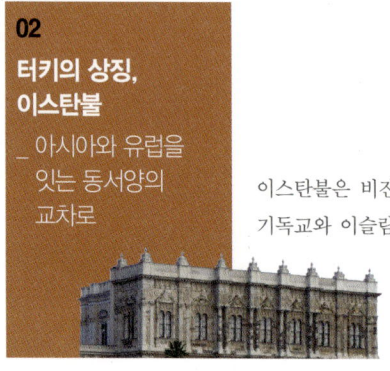

이스탄불은 비잔틴 제국, 로마 제국, 오스만 제국의 수도, 기독교와 이슬람 문명이 맞닿은 도시였다. 가장 오래된 이름 '라고스', 또 다른 이름 '콘스탄티노플', 고대에는 그리스인들의 식민지로 건설됐다는 의미인 '비잔티움'이라고 불렸다.

아침에 일찍 일어난 아들은 거실 의자에 앉아 그림을 그리고 있었다. 뭐 하는지 묻자, 그림을 보여줬다. 살펴보니 터키의 수도인 이스탄불의 모습이었다. 그리고 아들 옆에는 사진 한 장이 놓여 있었다. 내가 찍은 이스탄불 사진을 보고 그림을 그린 것이다.

나는 아들에게 물어봤다.

"여기가 어디인 줄 아니?"

아들은 고개를 저었다.

"현재 터키의 역사 도시인 이스탄불로, 많은 이야기가 있는 곳이야."

아들은 눈을 반짝이며 나를 바라봤다.

"이스탄불에 관해 이야기해주세요."

"이스탄불은 유럽과 아시아 사이를 흐르는 보스포러스 해협을 끼고 있단다. 비행기를 타고 아타튀르크 공항에서 내려 이스탄불 구시가로 가기 위해서는 해안 도로를 따라가야 하지. 이 해안 도로 옆에 있는 바다가 마르마라야. 해안 도로를 따라 구시가로 가다 보면 오래된 유적지의 흔적인 성곽을 볼 수 있어.

해안 도로의 왼쪽에는 블루 모스크, 소피아 성당 등이 있는 구시가가 있고, 또 다른 바다인 흑해 어귀에 있는 삼각형 반도의 요충지에 있는 도시가 이스탄불이란다. 터키 최대의 도시로 인구는 1,000만 명이 조금 넘고, 해발 339m에 자리 잡고 있어. 이곳은 옛 모습을 그대로 간직하고 있어 커다란 역사적 관심을 불러일으키는 도시이기도 하지.

이스탄불은 과거로부터 이어져 내려오는 수많은 유물과 이야기가 보존돼 있는 공간으로, 2700년의 역사를 갖고 유럽과 아시아를 이어 주는 도시란다. 세계의 역사를 좌우했던 비잔틴 제국, 로마 제국, 오스만 제국의 수도, 기독교와 이슬람 문명이 맞닿은 도시라고 이야기할 수 있지. 현재 터키의 행정 수도는 앙카라인데, 케말 아타튀르크 대통령이 수도를 옮겼단다.

이전에 이스탄불은 여러 개의 이름으로 불렸어. 가장 오래된 이름은 라고스, 또 다른 옛 이름은 콘스탄티노플, 고대에는 비잔티움이라 불렸지. 비잔티움이라는 도시명은 고대 희랍 땅, 현재의 그리스에 살던 메가라인 비자스가 정착하면서 비자스의 이름에서 비잔티움이라는 명칭이 생겨났다고 해. 비잔티움은 기원전 8세기 말 그리스인들이 식민지로 건설한 곳이란다.

이스탄불 구시가는 '술탄 아흐멧 지구'라고 해. 오랜 역사와 전통을 갖고 있는 이곳은 유네스코로부터 세계 문화 유산으로 지정됐어.

돌마바흐체 궁전

    2700년이라는 시간과 공간을 거치는 동안 이스탄불은 수많은 시련을 겪었지. 기원전 512년에는 페르시아 제국으로, 330년에는 로마 제국의 황제였던 콘스탄티누스 1세가 수도를 이전하면서 동로마 제국의 중심지가 됐어. 후에 콘스탄티노플로 이름이 바뀌었단다.

    로마 제국은 디오클레이 티아누스 황제에 의해 동서 로마로 분열했고, 476년 서로마는 게르만의 용병 대장인 오도아케르에 의해 멸망했어. 하지만 동로마는 1000년 이상 번영하며 존속했어. 번성했을 때의 콘스탄티노플 인구와 서로마의 인구가 모두 100만 명을 넘었고, 두 도시 모두 제국의 심장 역할을 했지. 하지만 동로마도 서로마가 멸망한 후 여러 민족의 침입으로 점점 약해졌단다. 이스탄불은 페르시아인, 이슬람교도인들에게 자주 포위당했지.

 이렇게 많은 시련을 겪다가 그 시대에 떠오르는 강자였던 오스만 제국과 부딪치게 됐지. 그 결과 1453년 콘스탄티노플은 동방의 새로운 강자 오스만 제국의 술탄인 아흐메드 2세에게 점령당했고, 1923년까지 오스만 제국의 수도가 됐단다. '이슬람의 도시'라는 의미의 이스탄불로 이름이 바뀌면서 동서양이 조화한 독특한 문화를 만들어 갔어. 그리고 16세기에 들어와서는 오스만 제국 황제들에 의해 이슬람 문화의 중심지가 됐단다."

"이스탄불을 여행하는 사람이라면 꼭 가봐야 할 곳이 있나요?"
"이스탄불을 여행하는 사람이라면 성 소피아 성당, 블루 모스크, 톱카프 궁전은 꼭 봐야 한단다. 우선 이 세 곳에 대해 알아보자. 먼저 성 소피아 성당은 '아야 소피아'라고도 해. 붉은색의 건물은 지나간 세월의 흔적을 나타내고 있단다. 6세기에 만들어진 성당으로 비잔틴 최고의 걸작품이라 알려져 있어. 성 소피아 성당은 건축 후 900년 동안 그리스도교 성당으로 사용됐단다. 오스만 제국이 비잔틴 제국을 멸망시킨 후에는 이 성당을 이슬람의 모스크로 전환해 사용했어.

 그 다음은 블루 모스크인데, 원래 이름은 술탄 아흐메드 모스크로, 1616년부터 7년에 걸쳐 만들어졌어. 블루 모스크는 터키의 대표적인 모스크로, 터키블루 색상의 타일 장식이 특징이란다. 내부에 들어가 보면 스테인드글라스 또한 아름답지.

톱카프 궁전은 오스만 제국의 힘과 화려함이 남아 있는 곳이야. 500년간 유럽을 호령했던 오스만 대제국의 궁전으로 380년간 정치의 중심지였어. 이곳에는 세계 최대 보석 박물관과 당시 왕족이 사용했던 무기들이 전시돼 있는 무기 박물관도 볼 만하단다. 그리고 유목민족의 흔적이 많이 남아 있어. 이곳에서 내려다보이는 보스포러스 해협 또한 일품이지."

"굉장히 기대되는 곳들이에요. 그 밖에 또 가봐야 할 곳은 없을까요?"

"배를 타고 보스포러스 해협을 보는 것도 좋을 듯하단다. 보스포러스 해협은 길이가 32km 정도고 좁은 협곡을 따라 흑해에서 지중해 쪽으로 흐르는데, 물살이 좀 빠른 편이야. 해협의 양편에는 시간

이스탄불

의 흐름 속에서 뒤섞여 있는 과거의 흔적들과 이슬람 사원, 아름다운 빌라들이 아름다움을 더해주지.

 이스탄불 보스포러스 해협은 한마디로 역사의 현장이라고 할 수 있어. 기독교와 이슬람, 비잔틴과 오스만 제국이 격돌했던 곳이기 때문이란다. 더불어 낭만이 있는 곳이기도 하지. 19세기 초에는 보스포러스 해협과 골든 혼 해협 주위에 많은 이슬람 사원이 건축됐어. 아타튀르크는 1923년 터키 공화국의 수도를 앙카라로 옮겼고, 그 후 이스탄불은 상업, 문화, 금융의 중심지가 됐단다."

03
발칸 반도
_ 오스만 제국의
  발칸 반도 지배

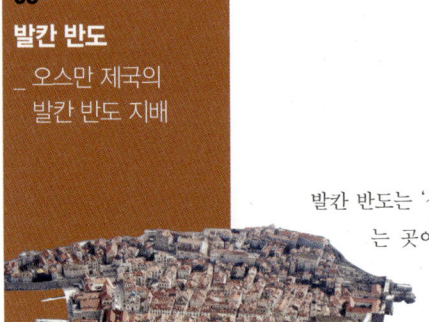

발칸 반도는 '산이 많아 푸르다'라는 뜻을 지니고 있는 곳이다. 발칸 반도는 동서남북으로 강과 바다를 끼고 있으며, 동서로 1300km, 남북으로 1,000km다.

"오늘은 아들에게 발칸 반도에 대해 이야기하려고 해. 세계의 모든 역사가 다 그렇지만 발칸 반도 또한 전쟁과 식민지의 역사가 있는 곳이란다. 오스트리아 역시 발칸 역사에서는 뺄 수 없는 국가야. 발칸 반도는 몇 해 전까지만 하더라도 여행하기에는 조금 먼 곳으로 여겨졌어. 그래서 많은 여행객이 유럽 여행의 거의 마지막 코스라고 얘기한단다."

"아, 그렇군요. 그런데 아빠 발칸의 뜻이 뭔가요?"

"발칸이라는 말은 '산이 많아 푸르다.'라는 뜻이야. 발칸 반도는 동서남북으로 강과 바다를 끼고 있고, 총 길이는 동서로 1,300km, 남북으로 1,000km지. 북쪽으로는 다뉴브강 하류와 사바강, 동쪽으로는 흑해, 남동쪽으로는 에게해. 남쪽으로는 지중해, 남서쪽으로는 이오니아해, 서쪽으로는 아드리아해와 경계를 이루고 있단다."

"발칸 반도에는 어떤 나라들이 있어요?"

"발칸 반도의 나라를 보면 슬로베니아, 크로아티아, 보스니아 헤르체코비나, 세르비아, 몬테네그로, 마케도니아, 루마니아, 불가리아, 알바니아 등 아홉 나라가 중심이고, 인구는 현재 약 6,000만 명 정도에 이르고 있단다. 프랑스 면적에다가 우리나라 남한 정도의 크기를 합한 것 정도라고 보면 되지."

"기후는요?"

"기후는 지역에 따라 다르단다. 해안 지형인 아드리아해와 흑해를 중심으로 지중해성 기후가 나타나기도 하지. 하지만 대체로 산악 지대가 많은 이유로 대부분 지역이 대륙성 기후에 속한단다.

발칸 반도는 지정학적으로 매우 중요한 위치에 있어. 유럽과 아시아 대륙을 연결하는 중요한 통로이기 때문이지. 따라서 이 지역은 고대 이래로 여러 민족들의 전략적 요충지로 이용돼왔단다. 유럽, 러시아, 소아시아 등 열강들의 각축장이 되기도 했지.

역사를 거슬러 올라가보면 이 지역은 고대 그리스와 페르시아의 각축전을 시작으로, 로마 시대 이후 비잔틴 제국인 동로마와 이슬람 제국 간, 합스부르크 제국과 오스만 제국, 러시아와 오스만, 오스트리아-헝가리 제국과 러시아 간, 이 밖에도 발칸 토착 세력들 간의 영토 경쟁이 치열하게 벌어졌어. 그렇기 때문에 발칸 반도의 역사는 전쟁의 역사라고 이야기하는 것이란다."

"문화적 특징도 이야기해주세요."

"앞에서도 얘기했듯이, 395년 발칸 반도에서는 로마 제국이 동과 서로 분리됐어. 그 이후 르네상스가 시작되는 15세기 전까지 발칸 반도는 약 천 년의 세월 동안 문화적으로는 동양과 서양 문화가 혼재되는 특징을 갖고 있지. 종교적으로는 가톨릭과 정교회가 복잡하게 혼재되는 특징을 보였어.

1389년은 발칸 역사에 있어 매우 중요한 연도란다. 각 나라의 민족주의가 대두되기 시작한 연도이기 때문이야. 이때 일어난 전투가 바로 슬라브와 오스만 튀르크족의 코소보 전투야. 코소보 전투는 세르비아의 '지바귀들의 들판'이라는 의미를 가진 코소보 플레에서 세르비아의 왕자 라자르군의 군대와 오스만 제국의 술탄 무라드 1세의

사라예보의 라틴 다리

튀르크 군대 사이에 벌어진 전투란다.

싸움의 초기에 세르비아 귀족 밀로슈 오빌리크가 무라드를 독 묻은 단검으로 살해했을 때만 해도 세르비아가 승리하는 듯했지. 그러나 무라드의 아들 바예지드는 술탄이 죽은 후 벌어진 혼란을 재빨리 수습하고 세르비아군을 포위해 치명적인 타격을 가했고, 라자르는 포로로 잡혀 처형됐어. 이후 세르비아는 오스만 제국에 공물을 바치고 술탄의 군대에서 군역을 질 것을 약속하며 400~500년간 이슬람의 지배를 받게 된단다."

"이때부터 발칸에서 오스만의 역사가 시작됐군요."

"그렇지. 15세기를 전후로 소아시아로부터 유럽으로 진출하기 시작한 오스만 튀르크의 발칸 지배가 본격화한 것이란다. 오스만 튀르크의 발칸 지배는 러시아·터키 전쟁 이후 맺어진 1878년 3월의 산스테파노 조약과 6월의 베를린 조약에 의해 이 지역 민족들이 독립하기 전까지 지속돼. 여기서 중요한 것은 [1]베를린 조약이야. 이 조약으로 발칸에 지각 변동이 일어나게 되지.

러·터 전쟁은 1853년에 일어난 크림 전쟁 이후 15번째 전쟁이란다. 크림 전쟁은 바다로 진출하기 위해 러시아가 발칸 반도에 야욕을 드러낸 전쟁이야."

"전쟁의 원인은 뭐죠?"

"러시아 제국이 오스만 제국 내의 정교회 교도들을 보호한다는 명목이 직접적인 원인이 됐어. 또한 팔레스타인 성지를 둘러싼 러시아 정교회와 로마 가톨릭 사이의 권한 다툼이 배경이기도 하단다.

15세기 전후로 발칸 반도에 진출한 오스만 제국에 의해 동양적 문화 요소가 급속도로 확산됐어. 이것이 종교적으로는 기존의 크리스트교 외에도 이슬람교가 유입됐지. 발칸 반도에 가톨릭, 정교, 이슬람교가 혼재돼 나타나는 배경이란다."

"아빠, 발칸 반도의 아홉 나라를 종교로 구분해 설명해주실 수 있나요?"

"먼저 가톨릭 문화권은 슬로베니아와 크로아티아, 정교 문화권은 세르비아 몬테니그로·루마니아·불가리아, 이슬람 문화권으로는 알바니아, 정교·이슬람 혼재 문화권은 마케도니아, 가톨릭·정교·이슬람 혼재 문화권은 보스니아-헤르체고비나로 나눌 수 있어.

이것만 보더라도 얼마나 복잡한 문화 구조를 갖고 있는지 알 거야. 발칸 반도라고 하면 많은 사람이 내전을 떠올리지. 발칸 반도는 기존의 토착민 그리고 알렉산더 대왕의 원정과 그 후 기원전 165년부터는 로마의 속국이 됐고, 동로마 제국인 비잔틴의 영향을 받았단다. 그 이유는 지정학적 위치 때문이지. 그 이후 6~7세기에 슬라브족이 남하해 정착했어.

슬로베니아와 크로아티아는 오스만 튀르크족의 지배를 받지 않고 오스트리아 합스부르크의 지배를 받았어. 지리적으로 근접해 로마 가톨릭의 영향을 많이 받았지. 이러한 이유에서 현재까지 가톨릭의 세력이 강하단다."

"보스니아와 불가리아는요?"

"티토가 국가의 롤 모델로 삼았다는 보스니아는 가톨릭과 정교,

이슬람교와 혼합된 양식을 갖고 있어. 그리고 지금은 그 세력이 약하지만, 중세 불가리아는 비잔틴 제국과 함께 매우 강대한 국가였어. 1912년에 와서 러·터 전쟁 이후 잔류하던 오스만 튀르크를 몰아내는 제1차 발칸 전쟁을 그리스, 불가리아, 세르비아, 몬테네그로 루마니아와 함께 치렀단다.

오스만 튀르크는 19세기 초까지만 해도 발칸 반도 거의 전역을 지배한 거대한 제국이었어. 1차 발칸 전쟁이 일어나기 전 당시 발칸 반도의 상황을 보면, 1908년 오스만 제국에서 청년 튀르크당이 혁명을 일으켰지. 청년 튀르크당은 '모든 민족의 평등'이 아닌 '튀르크인의 평등'을 슬로건으로 하는 극단적인 '튀르크 민족주의'를 내세웠어. 이에 발칸 국가들은 긴장에 휩싸였단다. 왜냐하면, 당시 오스만 제국은 안과 밖 모두 여러 가지로 상황이 좋지 않았기 때문이지. 러시아와 오스트리아-헝가리 제국으로 인해 발칸 반도에서 영토를 잃은 오스만 제국의 재침 가능성을 배제할 수 없는 것이 당시 상황이었어.

이번에 국외 상황을 살펴볼까? 국외의 상황으로는 북쪽에서 오스트리아-헝가리 제국이 보스니아 헤르체고비나를 합병했어. 이로 인해 발칸 국가들의 위기감은 더욱 커졌지. 이것이 1차 발칸 전쟁이 일어나기 전의 발칸 반도의 분위기였어. 그해 오스만 제국은 강화 조약을 맺게 되고, 이로 인해 이스탄불을 제외한 유럽의 많은 영토를 잃었단다."

"전쟁의 결과는 어땠나요?"

"이 전쟁으로 불가리아는 마케도니아 일부를 제외한 마케도니아와

트라키아 대부분을 얻게 됐어. 그리스는 크레타섬과 남부 마케도니아 지방 일부 그리고 남부 에피루스를 얻었지. 그리고 세르비아는 북부 마케도니아 지방 일부를 합병하게 됐고, 알바니아는 독립했단다. 알바니아가 독립한 데는 이유가 있어. 오스트리아-헝가리 제국이 세르비아가 아드리아해로 세력을 넓히는 걸 견제하기 위해 알바니아의 독립을 지지했기 때문이지.

하지만 문제가 생겼어. 이 결과에 불만을 품은 나라가 있었는데, 바로 불가리아와 세르비아란다."

"무엇에 대한 불만이죠?"

"1차 발칸 전쟁으로 획득한 마케도니아 지방에 대한 영토 분배에 따른 불만이지. 이에 불가리아는 이전의 동맹국이던 국가와 2차 발칸 전쟁을 일으켰어. 불가리아는 알바니아를 제외한 거의 모든 발칸 국가와 전쟁을 했지. 하지만 군사 면이나 외교 면에서 세력이 떨어지는 불가리아는 결국 루마니아의 수도인 부쿠레슈티에서 강화 조약을 맺었어. 불가리아는 다뉴브강과 흑해 사이를 잇는 지방으로, 루마니아 남동부와 불가리아 북동부에 걸쳐 있는데, 이것을 루마니아에 양도했어. 그리고 마케도니아 지방 대부분을 세르비아와 그리스, 동부 트라크아를 오스만에 내줬지.

이후 1914년 6월 세계대전의 계기가 된 사건이 일어났단다. 당시 보스니아는 독립을 하지 못한 상태였기 때문에 행정권이 오스트리아에 있었어. 세르비아도 보스니아를 차지하려고 오스트리아와 대립하고 있었지. 이렇듯 제국주의 국가들 간에 대립이 계속됐단다.

그해 6월 28일 오스트리아 페르디난트 황태자 부부는 보스니아의 수도 사라예보를 방문했어. 그런데 여기서 사건이 일어났지. 황태자 부부가 차를 타고 시내 거리를 행진하던 중, 세르비아 청년이 쏜 총에 맞아 사망했단다. 한 나라의 왕이 될 사람이 저격당한 것이지. 한 달 뒤인 7월 28일 오스트리아는 세르비아에 전쟁을 선포했어. 이때 오스트리아를 지원하던 독일과 세르비아를 지원하던 러시아가 개입했지. 그렇게 강대국들이 전쟁을 지원하면서 세계대전으로 확대된 것이란다.

크로아티아 드브로브닉

이 전쟁으로 인해 새로운 국가가 탄생했어. 1929년부터 2003년까지 존재했던, 남슬라브의 땅이라는 뜻의 '유고슬라비아'란다. 1929년 알렉산드르 1세가 국명을 공식 선포했어. 제1차 세계대전에서 오스트리아-헝가리 제국이 패배한 후, 이 지역에 슬라브 민족이 결집해 세르비아, 슬로베니아, 크로아티아가 만든 국가야. 유고슬라비아를 이야기할 때 꼭 등장하는 인물이 있는데, 누군지 아니?"

아들은 고개를 저으며, 모르겠다고 했다.

"바로 '티토'란다. 티토는 제2차 세계대전 중인 1939년 80만 명의 파르티잔을 이끌며 신출귀몰한 유격 활동으로 유고슬라비아의 해방을 이끌어냈지. 그리고 1945년 11월 연방 인민 공화국의 수반이 됐단다. 1963년에는 신헌법에 따라 유고슬라비아 사회주의 연방 공화국으로 개칭됐고, 그는 1980년에 사망하지.

1980년은 발칸 반도를 이해하기 위한 중요한 연도이기도 해. 이때부터 발칸 반도에는 또다시 문제가 생기기 시작하지. 왜냐하면, 티토가 사망한 후 민족주의가 대두했기 때문이야. 당시 매우 강력한 세르비아 민족주의자가 나타나는데, 바로 슬로보단 밀로셰비치란다. 그는 1987년에 행한 강력한 세르비아 민족주의 연설을 계기로 부활해.

당시 코소보에서는 소수 민족이면서 경제와 정치에서 주도권을 행사하는 세르비아인과 다수 민족이면서 열악한 환경 속에 살고 있는 알바니아인의 갈등과 충돌이 끊이지 않았어. 비율적으로 보면 세르비아인이 10%이고, 알바니아인이 90%였지.

1989년 세르비아 대통령으로 당선된 밀로셰비치는 코소보의 독립을 주장하며 시위와 무장 투쟁을 벌이는 알바니아 반군들을 대대적으로 소탕했을 뿐만 아니라 코소보에 대한 세르비아 영향력을 확대해 나갔어. 하지만 79일 동안 지속됐던 나토군과의 코소보 전쟁은 실패로 돌아갔지. 그리고 2000년 10월, 이를 지시한 세르비아의 민족 혁명가 밀로셰비치는 전범 재판소에 소환됐단다. 이후 4년을 끈 밀로셰비치의 전범 재판은 보는 시각에 따라 견해 차이가 있었어. 외세 공격으로부터 세르비아와 민족을 지켜내려 했다는 국가 안보 수호자로서의 시각과 인종과 소수 민족 학살의 주범이라는 시각이 상충됐지. 이러한 시각적인 차이로 재판의 판결이 나지 않은 상태에서 밀로셰비치는 2006년 4월 헤이그 교도소에서 심장마비로 갑작스러운 죽음을 맞이하게 돼. 한편, 코소보 전투와 관련해 또 다른 문제점이 제시됐는데, 나토군의 공습이 비인도주의적이었다는 점, 통보 없이 진주한 러시아의 행동도 논란이 됐어.

코소보에 알바니아인이 많은 이유는 오스만 튀르크에 의해 이슬람으로 개종한 사람이 많았기 때문이야. 세금 면제 등 각종 혜택을 받게 되면서 인구는 늘어나고, 이로 인해 가톨릭과 정교는 몰락하게 돼.

1989년에는 동유럽을 휩쓴 공산 정권이 붕괴돼. 지금은 공산주의니 민주주의니 하는 이데올로기적 개념이 많이 없어졌지만, 당시 공산 정권의 붕괴는 또 다른 의미를 가져다줬단다. 이러한 공산주의 붕괴의 소용돌이 속에서 연방을 이뤘던 6개 공화국 중 크로아티아, 슬로베니아, 마케도니아, 보스니아헤르체고비나가 차례로 독립하면서 사실상 연방이 해체됐지.

1992년에는 세르비아와 몬테네그로가 신유고슬라비아 연방 공화국을 수립했어. 2003년 두 공화국은 유고슬라비아라는 이름을 버리고 세르비아 몬테네그로라는 이름을 채택했고, 2006년 세르비아 몬테네그로도 몬테네그로가 독립을 선언함으로써 완전히 해체됐지. 몬테네그로가 독립을 추진하게 된 이유는 보스니아 내전의 주요 요인으로 세르비아가 지목된 이후 같은 연방에 속해 있다는 이유로 오랫동안 국제 사회로부터 경제 금수 조치를 받아야 했기 때문이란다. 국제 사회의 경제 조치로 인한 피해가 매우 심했다고 해.

또한 코소보에서 세르비아인과 알바니아인의 민족 갈등을 계기로 1993년 3월 일어난 코소보 전쟁에서 미국을 위시한 나토군의 무차별적인 군사 공격과 국제 사회로부터의 고립을 강요당해야만 했어. 이러한 과정을 겪으면서 몬테네그로는 세르비아와의 연방을 파기하고 독립의 길을 선택하게 된단다.

이제 마지막으로 정리해볼까? 오스만 제국의 보스니아 지배가 남긴 의미는 무엇일까?"

"음, 명확히는 모르겠어요."

"오스만 제국의 보스니아 지배는 발칸 반도에 여러 가지 문제를 가져왔어. 먼저 종교적·민족적·정치적 분리 외에도 문화·경제적 분리를 낳았지. 그리고 보스니아는 서유럽과 발칸 유럽 사이의 문화·경제 교류를 가로막는 주요 지역으로 전락했단다. 특히, 서유럽에서 발생한 르네상스와 산업혁명이 발칸 유럽으로 전파되는 것을 차단하는 결과를 가져왔고, 훗날 오스만 제국의 지배 지역이 서구 선진 지역에

코소보 전통 마을(불가리아 플로브디브 지방)

비해 경제적 후진 지역으로 전락하게 하는 데 일조했어.

이후 20세기 초에 들어와서도 발칸 유럽의 영향력 확보를 둘러싼 발칸 반도 국가들 간의 전쟁과 서구 열강들 간의 치열한 각축전이 계속 전개됐어. 이러한 지역 패권 장악 의도는 1914년 6월 보스니아 사라예보에서 세르비아 민족주의 청년에 의해 오스트리아 황태자 부처가 암살되는 사건을 계기로 제1차 세계대전의 배경을 형성했지.

한편, 발칸 반도 내의 문화적·종교적 혼재와 사회주의 이념의 쇠퇴, 민족주의 성향 증대 등은 세르비아를 중심으로 한 소패권주의를 낳았어. 하지만 이러한 세르비아 민족주주의의 성향 증대, 러시아의 지원에 따른 소패권주의적 영향력 확대는 결국 20세기에 새로운 강대국으로 등장한 미국이 개입하는 결과를 낳았단다. 이는 발칸 유럽에서 갖는 미국의 영향력을 확대시켰어."

🗨️ 주

1 **베를린 조약**_ 1878년 6월 13일부터 7월 13일까지 열린 베를린 회의의 결과물로, 같은 해 3월 3일에 체결된 산스테파노 조약의 29개 조항 중 18개 조항을 삭제하거나 수정했다.

TIP

오스만 제국

오스만 제국은 현재 터키의 최대 도시인 이스탄불을 중심으로 서쪽의 모로코부터 동쪽의 아제르바이잔, 북쪽의 우크라이나에서 남쪽의 예멘에 이르는 광대한 영역을 지배했던 제국이다. 터키 제국, 오스만 튀르크 또는 터키라고도 불렸다.

이슬람교를 믿었던 셀주크 튀르크가 십자군 전쟁 이후 쇠퇴하자 이 지역은 한동안 혼란에 빠졌다. 셀주크 튀르크의 지배를 받던 오스만 튀르크는 이 틈을 타 오늘날 터키 지역에 오스만 제국을 세웠다. 오스만 제국은 1453년 비잔티움 제국을 정복한 후, 이름을 이스탄불로 고쳐 수도로 삼으면서 발전하기 시작했다. 동로마 제국 등 남동 유럽의 기독교 제국, 맘루크 왕조를 포함한 서아시아·북아프리카의 이슬람 제국을 동시에 정복하면서 지중해 세계의 대부분을 차지한 오스만 제국으로 발전했지만, 18세기 이후 쇠퇴하기 시작했다. 결국 20세기 초반 마지막 남은 영토 아나톨리아로부터 새롭게 건 국민 국가인 터키 공화국이 됐다.

오스만 제국의 주변에 있는 강대국은 호시탐탐 영토를 빼앗으려 했고, 제국 내에서는 지배를 받던 다른 민족들이 끊임없이 독립을 요구했다. 오스만 제국은 서양식 군대를 만들고 개혁을 시도했지만 강대국의 간섭으로 결국 성공하지 못했다.

오스만 제국은 지배층이 중심이 돼 '은혜를 베푸는 개혁'이라는 의미에서 탄지마트(은혜 개혁)를 실시했다. 이 개혁으로 헌법과 의회가 만들어지고, 교육 제도가 서양식으로 바뀌었다. 개혁에 필요한 많은 돈은 조세 제도를 바꾸어 채우려 했지만, 개혁을 반대하는 세력과 강대국의 간섭으로 성공하지 못했다. 이 와중에 제6차 러시아·튀르크 전쟁의 패배로 영토의 일부를 러시아에게 주었고, 이 틈을 타 세르비아를 비롯한 일부 민족이 독립에 성공했다. 영국과 오스트리아는 러시아에게 땅을 준 것 때문에 불만을 갖기 시작했고, 오스만은 전쟁을 피하기 위해 러시아에게 준 것보다 더 많은 땅을 떼주었다. 이로써 탄지마트는 좌절되고 영토도 작아졌다. 이후 제1차 세계대전에 참전했다가 패하는 바람에 모든 식민지를 잃어버렸고, 이렇게 약소국이 된 오스만 제국은 결국 붕괴됐고, 이후 터키 공화국이 수립됐다.

PART 8

유럽에 관련된 여러 이야기

세계 대전 이후 마셜 플랜에 의해 EU가 설립되고 솅겐 조약에 의해 국경 검문 시스템이 간소화 됐다.

유럽 연합 깃발

01
EU 설립 배경
_ 마셜 플랜

마셜 플랜은 전쟁으로 파괴된 유럽을 재건하고 공산주의 확대를 막기 위해 시작됐다. 이는 당시 미국의 국무장관인 조지 마셜이 제안한 것으로, 1947년부터 1951년까지 미국이 서유럽 16개국에 행한 재외 지원 계획이다.

"아들, 매우 오래전부터 유럽의 많은 군주는 통일된 유럽을 꿈꿨지만, 문화와 인종, 언어 등이 각기 달라 통일을 이루기가 쉽지 않았어. 하지만 세계대전이 끝나고 마셜 플랜이 시작되면서 EU, 즉 유럽연합을 만들었단다."

"마셜 플랜이 뭐죠?"

"마셜 플랜이란, 당시 미국의 국무장관인 조지 마셜이 제안해 붙여진 이름으로, 1947년부터 1951년까지 미국이 서유럽 16개국에 행한 재외 지원 계획이란다. 1947년 6월 프랑스 파리 회담에 16개국이 참가한 자리에서 만들어졌지. 마셜 플랜에 따라 유럽 국가들은 분주하게 움직이기 시작했어. 그리고 1948년 4월 2개국이 더 늘어나 총 18개국이 유럽경제협력위원회를 출범시켰지.

그로부터 3년 후 1951년에는 [1]유럽석탄철강공동체(ECSC)를 창설했어. 당시에는 석탄과 철강이 경제 발전에 매우 중요했지. 다른 이유로는 세계대전 후 프랑스가 철과 석탄을 잘 다룰 줄 아는 독일을 감시할 필요가 있다고 생각했기 때문이야. 1957년에는 유럽석탄철강공동체 가입국 6개국이 '로마 조약'을 체결해 유럽경제공동체(EEC)를 출범시켰어. 1967년 유럽석탄철강공동체, 유럽경제공동체, 유럽핵에너지공동체(EURATOM) 3개 기구가 유럽공동체(EC)로 통합됐지. EC는 EU의 전신으로 이런 단계를 거치면서 유럽연합이 만들어졌단다.

1992년 유럽 12개국 정상들이 네덜란드 마스트리흐트에 모여 경제·통화 통합을 위한 '²마스트리흐트 조약'을 체결해. 이는 유럽 단일 통합의 시작을 알리는 것이었지. 그리고 1993년에는 EU로 명칭을 변경했어. 그 후 1998년 6월 1일 유럽중앙은행을 공식 설립했어. 바로 프랑크푸르트에 있는 은행이야. 프랑크푸르트는 유럽의 맨해튼이라고도 불리고, 유럽의 모든 금융 회사가 모여 있단다. 그 다음 해인 1999년부터 2001년 12월 31일까지 유럽 단일 통화인 '유로화'를 11개국이 도입했지만 금융 기관에서만 사용했고, 2002년 3월부터 유로화가 시중에 유통되기 시작해. 하지만 유로 가입국들 중 아직까지 자국 화폐를 사용하고 있는 국가들도 많단다."

1 **유럽석탄철강공동체_** 유럽 국가의 석탄과 철강 자원의 공동 관리를 위해 설립된 국제 기구
2 **마스트리흐트 조약_** 1992년 2월 7일, 네덜란드 마스트리흐트에서 유럽 공동체 가입국이 서명하고 1993년 11월 1일부터 발효한 조약

02
솅겐 조약
_ 국경을 넘다

솅겐 가입 국가는 유럽 연합과는 별개다. 아일랜드와 영국을 제외한 EU 가입국과 비가입국인 노르웨이와 스위스가 솅겐 조약에 가입되어 있다.

"아들, 예전에 아빠랑 여행했던 오스트리아 인스브루크를 기억해?"
"그럼요. 이탈리아 북부 알프스산맥 자락에 있는 돌로미티를 지나 오스트리아로 넘어가는 풍경은 무척이나 아름다웠어요."
"맞아. 이탈리아와 오스트리아는 매우 가까이 있어서 차로 3시간 정도를 달리면 오갈 수 있단다. 매우 오래전에는 국경을 지날 때면 국경에 서서 여권 검사 등을 했지만 요즘 그런 것은 없어졌단다. 우리가 국경에서 아무런 제약도 받지 않고 다닐 수 있는 이유는 '솅겐'이라는 조약 때문이란다."
"솅겐 조약요?"
"솅겐 조약은 간단히 말해 각국에서 공통 출입국 관리 정책을 사용해 국경 시스템을 최소화하는 것으로, 국가 간의 통행을 제한 없이 하게 한다는 내용이 담겨 있지."
"이 조약에 서명한 나라는 어딘가요?"

"솅겐 가입 국가는 유럽연합과는 별개야. 아일랜드와 영국을 제외한 모든 EU 가입국과 비가입국 총 26개국이 솅겐 조약을 시행했어. 이 조약은 벨기에, 프랑스, 독일, 룩셈부르크, 네덜란드 5개국에 의해 시작됐고, 1985년 6월 14일 프랑스와 독일에 국경을 접하고 있는 룩셈부르크의 작은 도시 솅겐 근처 모젤강에 떠 있는 선박 프린세스 마리 아스트리드라고 하는 선상에서 조인됐어.

가맹국들은 국경 검사소 및 국경 검문소를 철거하거나 간소화했지. 솅겐 비자에 의해 다른 나라에도 자유롭게 입국할 수 있게 됐어. 다만 비EU 국민의 거주 및 취업 허가는 대상에서 제외됐단다.

솅겐 가입국은 모든 가맹국에 대해 6개월 기간 중 최장 3개월을 초과하지 않는 단기 체류를 통해 통일된 비자에 관련된 상세한 규칙을 갖고 있어. 예를 들어, 1월 1일 솅겐 국가로 첫 입국을 한다면 4월 25일까지는 무비자로 솅겐국에서 총 90일을 머물 수 있어. 그리고 4월 25일에는 비솅겐 국가로 출국해야 해. 첫 입국한 1월 1일부터 6개월이 되는 6월 30일까지는 무비자로 솅겐국 재입국이 허용되지 않아. 이런 방식으로 매 6개월 단위로 체류 기간을 계산한단다."

03
유럽과 축구
_ 축구는 전쟁이다?

아주 오래전 유럽 대부분의 도시는 하나의 국가였다. 오늘날 유럽인들이 축구에 열광하는 이유는 나라가 하나로 통일되면서 전쟁이 적어지고 이들이 전쟁에 사용했던 무기가 축구공으로 바뀌어 표현됐기 때문이다.

어느 날 조카가 집으로 놀러 왔다. 이미 훌쩍 커버린 조카는 축구 광이다. 초등학교 때부터 유럽의 거의 모든 리그와 축구 선수를 꿰차고 있었다. 지금도 마찬가지로 축구 시합이 있으면 밤을 새우며 본다.

유럽 챔피언스 리그를 할 때였다. 조카가 텔레비전의 축구 중계를 보면서 물었다.

"삼촌, 왜 유럽 사람들은 축구에 열광하죠?"

나는 "왜 그럴까?"라고 되물었다.

"글쎄요, 그걸 모르겠어요. 유럽에서 축구가 탄생해서 그럴까요?"

"실제로 가보면 그들은 우리가 생각하는 것보다 더 축구에 열광하고 있단다."

흔히 축구 하면 떠오르는 곳은 남미와 유럽 대륙이다. 두 대륙은 축구에 살고, 축구에 죽는다고 해도 과언이 아닐 정도다. 일전에 출장 가서 경험한 바로는 축구 경기가 열리는 도시에는 축구를 좋아하는 팬들로 인해 그 도시 반경 100km 이내의 호텔은 예약을 안 하면 방을 못 잡을 정도다. 그래서 호텔을 잡지 못해 엄청 고생한 적이 있다.

세계 4대 프로 축구 리그는 모두 유럽에 있다. 독일 분데스리가, 영국 프리미어리그, 이탈리아 세리에 A, 스페인 프리메라리가가 세계 4대 프로 축구 리그다. 유럽인들의 프로 축구 응원전은 국가 대항전을 능가할 정도로 열성적이다. 그들이 왜 이렇게 축구에 열광하는지는 그들의 역사를 보면 알 수 있다.

"매우 오래전 이들 도시는 대부분 하나의 도시 국가였어. 그러다 보니 한 나라 안에 있더라도 지방색이 무척 강하단다. 예를 들어, 이탈리아 사람에게 '당신은 어디서 왔습니까?'라고 물어보면 국가명보다 피렌체, 베네치아, 밀라노, 로마 등 자기의 고향을 이야기한다고 해. 그만큼 자기 고향에 대한 자부심이 강하고 타도시와의 경쟁심이 심한데, 이제는 전쟁을 할 수 없으니 애향심(애국심이라고도 할 수 있다)을 마음껏 드러낼 수 있는 축구에 대한 애착이 강하다는 거지. 이는 곧 옛날의 전쟁이 축구로 표현되는 것이 아닐까 하는 생각이 들어.

예를 들어줄게. 유명한 스페인의 '엘 클라시코'는 레알 마드리드와 FC 바르셀로나의 [1]더비Derby 경기를 이르는 말이야. 이 경기는 스페인뿐만 아니라 축구를 좋아하는 전 세계의 마니아가 지켜본단다. 그 이유는 그만큼 두 팀 간에 라이벌 의식이 강하기 때문이지. 스페인 왕국이 통합되기 전까지 마드리드를 중심으로 한 카스티야 왕국과 스페인 지중해의 바르셀로나를 중심으로 한 [2]카탈루냐 지방은 오랜 갈등의 역사를 걸어왔어. 그들은 언어도 민족도 달랐지.

이탈리아 역시 통일 전에는 볼로냐, 밀라노, 베네치아, 모데나 등이 모두 별도의 공국이나 공화국이었어. 이렇듯 유럽의 많은 도시는 이전에 하나의 국가로서 존립했지. 이러한 도시 국가는 흥망성쇠를 달리하면서 현재의 모습이 됐고, 그들 나름의 도시 역사와 특색이 있다 보니 이들의 이러한 모습이 축구로 발산되는 것 같아. 이렇게 얽히고 맺힌 역사를 가진 이들이다 보니 축구를 통해 또 다른 전쟁을 표현하는 것이 아닐까?

유럽에서는 부인이 남편을 축구장에 못 가게 하는 것도 이혼 사유가 된다고 하니 축구에 대한 열광이 어느 정도인지 알 수 있지."

1 **더비 경기_** 더비(Derby) 또는 더비 경기는 스포츠 중 특히 축구에서 주로 같은 지역을 연고지로 하는 두 팀의 라이벌 경기를 뜻하는 용어이다. 스페인의 FC 바르셀로나와 레알 마드리드의 경기를 '엘 클라시코'라고 부르거나 이탈리아의 FC 인테르나치오날레 밀라노와 유벤투스 FC와의 경기를 '데르비 디탈리아'라고 부르는 것이 그 예이다.

2 **카탈루냐_** 이베리아 반도 북동부에 위치한 스페인의 자치 지방. 바르셀로나 주, 지로나 주, 예이다 주, 타라고나 주의 4개 주로 나뉘며, 다시 41개의 세부 단위인 코마르카로 나뉜다. 발렌시아와 아라곤 자치령, 프랑스, 안도라, 지중해에 둘러싸여 있다.

04 북극과 남극
_ 얼음과 땅!

남극은 남극 대륙이라 불리고, 북극은 북극해라 불리는 이유는 북극해가 육지였기 때문이다.

"아들, 북유럽은 자연환경이 무척 아름답단다. 북극과 가까워서인지 공기도 좋지. 북유럽에는 노르웨이, 스웨덴, 덴마크, 핀란드 등의 나라가 있어. 이번에 아빠가 우리 아들에게 해주고 싶은 이야기는 북극과 남극에 관해서란다."

"네, 좋아요. 북극과 남극 차이가 있나요?"

"남극은 남극 대륙이라 불리고, 북극은 북극해라 불리는 이유는 북극에는 육지가 없기 때문이야. 우리는 일반적으로 북극이 육지 위에 얼음으로 덮여 있다고 생각하지만 그렇지 않단다. 그리고 북극은 남극보다 기온이 높아. 북극의 기온이 남극보다 높은 이유는 남극은 대륙이라 대륙성 기후이므로 태양으로부터 온도가 빨리 데워졌다가 빨리 식지만, 북극은 북극해라 해양성 기후이기 때문에 태양열을 받으면 천천히 데워졌다가 천천히 식는 거야.

북극은 바다에 있는 북극점을 중심으로 2,500~3,000km² 정도로 나무가 자라는 북쪽 수목 한계선의 이북 지역이야. 위도를 보면 북위 66도 33분 이북 지역은 북극권이지. 북극권은 북극해와 그린란드, 유라시아 북아메리카의 툰드라 지대로 둘러싸여 있어. 북극의 평균 수심은 약 1,200m고, 가장 깊은 곳은 5,000m가 넘는다고 해."

"툰드라 지대는 뭐죠?"

"툰드라 지대는 1년 내내 꽁꽁 얼음으로 얼어 있다가 여름에만 잠깐 표면이 녹아 이끼 등이 자라는 지대를 말해. 이곳에는 지의류 및 선태류 등의 식물만 자란단다. 지의류는 엽록소가 있는 조류와 엽록소가 없는 균류와 함께 사는 식물이야. 왠지 과학 시간 같은 느낌이 들겠지만, 자연환경을 이해하면 그 나라의 문화를 이해하는 데 많은 도움이 될 거야."

"그럼, 남극은요?"

"남극 대륙은 남극점을 중심으로 66도 33분 이남의 남극권에 포함되는 대륙, 섬, 바다를 말하고 세계에서 다섯 번째로 큰 대륙이야. 약 98%의 면적이 평균 2km가 넘는 두께의 얼음으로 구성돼 있지. 북극권과 남극권을 나누는 66도 33분은 하루 종일 낮 또는 밤이 계속되는 지역을 기준으로 정한 것이란다. 그래서 이보다 위도가 낮은 곳에서는 이런 현상이 생기지 않지.

그리고 지구의 공전과 백야 현상이 일어난단다. 지구는 지축을 23.5도 기울인 채 태양의 둘레를 돌고 있어. 이러한 지구의 공전 때문에 태양으로부터 받는 열의 양이 위치에 따라 달라져 사계절이 생긴단다. 그리고 극점에서는 여름에는 해가 지지 않고 겨울에는 해가

오로라

뜨지 않는 현상이 반년씩 계속되는 백야 현상이 생기지."

 "백야 현상은 북극이나 남극으로 갈수록 심하게 나타나지만, 유럽의 거의 모든 나라가 영향을 받는단다. 특히 북유럽에 있는 나라들과 러시아 등 많은 국가가 이러한 영향을 많이 받아. 그리고 또 다른 현상은 오로라 현상이야. 오로라 현상은 북극점과 남극점보다 높은 위도에서만 생기지."

 "오로라 현상은 어떻게 생기는 거죠?"

 "태양에서 방출된 플라스마의 일부분이 지구의 자기장에 이끌려 대기압 진입을 하면서 공기 분자와 반응해 빛을 내는 현상이야. 이 현상은 노르웨이 북쪽에서 볼 수 있어."

 "오로라는 꼭 한번 보고 싶어요."

 "북극과 남극 하면 빙산이 먼저 생각나는데, 빙산의 모습에도 차이가 있어. 북극의 빙산은 거칠고 뾰족뾰족하지만, 남극의 빙산은 테이블처럼 매끈하지. 이는 자연 환경이 다르기 때문인데, 북극의 빙하는 가파른 골짜기를 내려오면서 여기저기 부딪치다가 바다에 이르러 끝부분이 떨어져 나와 빙산을 이루게 되고, 남극의 빙하는 평평한 대륙에 빙하가 생기고, 그것이 바다로 미끄러지듯 밀려 내려와 바다에 떠 있게 된단다.

 바다에 있는 빙하를 '해빙'이라고 하는데, 역시 여러 종류가 있단다. 먼저 극빙은 언 지 1년 이상 지난 것으로, 두께가 50m 정도 된단다. 그리고 유빙은 두께 2m로 넓게 퍼져 있는데, 북극해의 3분의 2를 덮기도 하지. 바닷물이 얼어 만들어진 것인데, 바닷물도 영하 19도

디셉션 섬

정도 되면 얼기 시작해. 북극은 바닷물이 얼어서 생긴 해빙으로, 거의 덮여 있지. 또한 '정착빙'이란 것도 있는데, 해안과 유빙 사이에 생겨. 해안선에 붙어 있어 움직일 수 없는데, 우리가 일반적으로 많이 알고 있는 빙산은 큰 것은 두께가 3km가 되기도 한단다. 북극해의 빙산들은 90%가 그린란드 해안의 빙하에서 떨어져 나온 것이야.

  남극에는 빙붕과 빙산이 있어. 빙하가 흘러 육지와 연결돼 있으면서 바다를 덮고 있는 것이 '빙붕'이고, 이 빙붕이 깨져 떨어져 나온 것이 '빙산'이야. 빙붕도 표면에 눈이 쌓이면서 점차 성장해 수백만 년 동안 안정된 상태를 유지해오고 있어. 이것은 남극 지방에서만 나타나는 현상이야.

그리고 추운 그곳에 화산과 온천 그리고 사막이 있다면 믿어지니? '디셉션 섬'이라는 곳이 있는데, 이곳은 화산 열수와 바닷물이 만나 적당하게 데워지기 때문에 온천도 가능해. 우리나라 세종 과학기지와 멀리 떨어지지 않은 곳에 있어. 또 남극의 사막이라 불리는 곳도 있어. 400만 년 전 융기 활동과 200만 년 동안 비가 오지 않아 빙하가 물러간 후 기후 변화가 거의 일정해 이러한 환경이 유지됐단다. 노출된 표면은 태양빛에 의해 흡수되고 겨울 동안 내린 눈은 증발하고 강한 바람에 의해 증발하지 않은 부분은 날려 보낸단다."

"그곳에도 역사는 존재하겠죠?"

"북극은 6세기까지 공포의 땅이었고, 8세기부터 본격적인 북극 탐험이 시작됐어. 870년 바이킹이 아이슬란드를 발견했고, 982년 노르웨이인 에리크가 그린란드를 발견했지. 985년 수백 명의 바이킹이 그린란드에 정착해 14세기까지 번창했지만, 갑작스러운 기후의 악화와 예전부터 살고 있던 에스키모와의 싸움에서 패해 멸망했단다."

남극의 사막, 테일러 밸리

Foreign Copyright:
Joonwon Lee
Address: 10, Simhaksan-ro, Seopae-dong, Paju-si, Kyunggi-do,
Korea
Telephone: 82-2-3142-4151
E-mail: jwlee@cyber.co.kr

시간으로의 여행
유럽을 걷다

2013. 5. 23. 1판 1쇄 발행
2014. 5. 2. 1판 2쇄 발행
2018. 5. 4. 2판 1쇄 발행

저자와의
협의하에
검인생략

지은이 | 정병호
펴낸이 | 이종춘
펴낸곳 | BM 주식회사 성안당

주소 | 04032 서울시 마포구 양화로 127 첨단빌딩 5층(출판기획 R&D 센터)
     | 10881 경기도 파주시 문발로 112 출판문화정보산업단지(제작 및 물류)
전화 | 02) 3142-0036
     | 031) 950-6300
팩스 | 031) 955-0510
등록 | 1973. 2. 1. 제406-2005-000046호
출판사 홈페이지 | www.cyber.co.kr
ISBN | 978-89-315-8239-0 (13920)
정가 | 17,800원

이 책을 만든 사람들
책임 | 최옥현
편집 | 정지현
진행 | 안종군
교정·교열 | 안종군
본문·표지 디자인 | 임진영
홍보 | 박연주
국제부 | 이선민, 조혜란, 김해영
마케팅 | 구본철, 차정욱, 나진호, 이동후, 강호묵
제작 | 김유석

이 책의 어느 부분도 저작권자나 BM 주식회사 성안당 발행인의 승인 문서 없이 일부 또는 전부를 사진 복사나 디스크 복사 및 기타 정보 재생 시스템을 비롯하여 현재 알려지거나 향후 발명될 어떤 전기적, 기계적 또는 다른 수단을 통해 복사하거나 재생하거나 이용할 수 없음.

■ 도서 A/S 안내

성안당에서 발행하는 모든 도서는 저자와 출판사, 그리고 독자가 함께 만들어 나갑니다.
좋은 책을 펴내기 위해 많은 노력을 기울이고 있습니다. 혹시라도 내용상의 오류나 오탈자 등이 발견되면 "좋은 책은 나라의 보배"로서 우리 모두가 함께 만들어 간다는 마음으로 연락주시기 바랍니다. 수정 보완하여 더 나은 책이 되도록 최선을 다하겠습니다.
성안당은 늘 독자 여러분들의 소중한 의견을 기다리고 있습니다. 좋은 의견을 보내주시는 분께는 성안당 쇼핑몰의 포인트(3,000포인트)를 적립해 드립니다.
잘못 만들어진 책이나 부록 등이 파손된 경우에는 교환해 드립니다.